Mit anderen Augen – Düsseldorf aus Sicht der Welt

Vortragsreihe der IIK-Abendakademie

Band 6

Herausgegeben von
Helmut Brall-Tuchel und Matthias Jung

Mit anderen Augen

Düsseldorf aus Sicht der Welt

Herausgegeben von
Helmut Brall-Tuchel

DAS AUGE LIEST MIT
schöne Bücher für kluge Leser

1. Auflage 2020

Martin-Luther-Platz 26 · 40212 Düsseldorf
ISBN 978-3-89978-388-9

Satz: Grupello Verlag
Druck und Bindung: CPI - books GmbH, Leck
www.grupello.de

Inhalt

Zum Geleit

Thomas Geisel
Grußwort des Oberbürgermeisters der Stadt Düsseldorf 9

Anja Steinbeck
Grußwort der Rektorin der Heinrich-Heine-Universität 11

Matthias Jung
Grußwort des Vorsitzenden des IIK Düsseldorf 13

Zu diesem Band

Helmut Brall-Tuchel
Düsseldorf und die Tradition des Städtelobs 17

Düsseldorf als internationaler Standort im Wirtschaftsleben

Balázs Szabolcs Szegner
Düsseldorf aus der Sicht des Diplomaten 23

Werner M. Dornscheidt, Walter Gesell
Die Messe – Düsseldorfs Tor zur Welt 29

Johannes Grünhage
Willkommenskultur für internationale
Fach- und Führungskräfte 33

»Japans Hauptstadt am Rhein«

Michiko Mae
Düsseldorf: ein japanisches Zentrum in Europa 39

Ryuta Mizuuchi
Japan und Düsseldorf – eine feste Verbindung
mit Zukunftspotential 55

Till Weber
Warum eigentlich Düsseldorf?
Studierende aus Okinawa an der HHU 71

Düsseldorf als Wissenschafts- und Bildungsstandort

Volker Kalisch
Was zieht ausländische Studierende an die Robert Schumann
Hochschule (RSH)? Oder: mit Ohren nach Düsseldorf
hineingehört und sich dort neu gefunden 81

Yelena Etaryan
Düsseldorf – Stadt der vielen Möglichkeiten 91

Ernst Ralf Hintz
Mit anderen Augen aus Amerika 97

Anne Gellert
Was zieht ausländische Studierende an die
Heinrich-Heine-Universität Düsseldorf? 103

Robert Fleck
Kunst im kosmopolitischen Kontext –
die Kunstakademie Düsseldorf 105

Simone Fischer
Internationalität an der Hochschule Düsseldorf (HSD) 109

Susan Tuchel
Traumstadt Düsseldorf? Internationale Eindrücke von
der Rheinmetropole. Eine Online-Umfrage 115

Zum Umgang mit den Schatten der Vergangenheit

Dieter Forte
Das KZ im Volksgarten. Das Haus auf meinen Schultern 127

Peter Henkel
»Ihr habt Düsseldorf für mich erst wieder
zu einer Heimatstadt gemacht.« 132

Düsseldorf im medialen Spiegel

Helmut Brall-Tuchel
»Denk ich an Düsseldorf«. Stadtbilder in der Literatur 145

Annegret Middeke
Düsseldorf im Fadenkreuz.
Die fast vergessene »Tatort«-Stadt 169

Matthias Jung
Der Name macht's:
Warum Düsseldorf international bekannt ist 193

Die Autorinnen und Autoren 206

Grußwort des Oberbürgermeisters der Stadt Düsseldorf

Sehr geehrte Leserinnen und Leser,

bereits Heinrich Heine, der große Sohn Düsseldorfs, schaute aus dem Pariser Exil voller Zerrissenheit auf seine Geburtsstadt: »Die Stadt Düsseldorf ist sehr schön, und wenn man in der Ferne an sie denkt und zufällig dort geboren ist, wird einem wunderlich zumute. Ich bin dort geboren und es ist mir, als müsste ich gleich nach Hause gehen...«

Aus vielen Begegnungen mit Bürgerinnen und Bürgern unserer Stadt, mit Zugezogenen und Gästen und aus Gesprächen auf Reisen weiß ich, dass sich auch fast 200 Jahre nach Heine wenig daran geändert hat: Düsseldorf wird jenseits der Stadtmauern in der Welt ganz unterschiedlich wahrgenommen.

Die einen verbinden mit Düsseldorf die erfolgreiche Wirtschaftsmetropole und den internationalen Messeplatz, den »Schreibtisch des Ruhrgebiets«, das Zentrum der Mode oder »Little Tokyo« am Rhein. Andere erinnern sich an bedeutende Sportereignisse, die in unserer Stadt bereits stattfanden, oder freuen sich auf die Events, die noch kommen werden. Sie denken an Heinrich Heine und Clara und Robert Schumann, Kraftwerk und die Düsseldorfer Photoschule, träumen von einem Bummel über die Kö oder entlang des Rheinufers oder lassen sich ein leckeres Alt an der »längsten Theke der Welt« schmecken.

Auch die Düsseldorferinnen und Düsseldorfer erleben jeden Tag die Vielfalt unserer Stadt: Dynamische Metropole und Dorf an der Düssel, charakteristisches Brauchtum und charmante Stadtteile, internationale Begegnungen und wachsende Stadt – Düsseldorf gelingt es, diesen Facettenreichtum erfolgreich zu verbinden.

Herausgeber, Autorinnen und Autoren, die bereits 2018 in einer vom Institut für Internationale Kommunikation organisierten Abendakademie »Düsseldorf aus Sicht der Welt« beleuchteten, ist es gelungen, Klischees zu hinterfragen. Dieser Band trägt dazu bei, das wahre Bild unserer Stadt zu zeigen, in jedem Fall ein ungeschöntes, eines, das auch die Widersprüche nicht ausklammert.

Das ist mir persönlich und vielen aus der Stadtgesellschaft ein Anliegen. Das vollständige Bild ergibt sich erst, wenn man niemanden übergeht und Düsseldorf eine Stadt für alle bleibt. Düsseldorf darf seine Geschichte, auch die dunklen Kapitel, nicht vergessen, muss mahnen und erinnern. Wenn wir auch künftig weltoffen und tolerant, vielfältig, dynamisch und liebenswert bleiben wollen, dann braucht es nicht nur den Blick von außen, sondern ebenfalls den Austausch mit der Welt.

Alle, die dieses Buch zur Hand nehmen, können mehr über Düsseldorf erfahren und lernen. So wünsche ich mir, dass der Blick aus anderen Augen dazu beiträgt, offen zu sein für alles, was Düsseldorf zu bieten hat und vielleicht zu erkennen, dass Heine zuzustimmen ist: Denn ohne Zweifel ist die Stadt Düsseldorf sehr schön!

Ihr

Thomas Geisel
Oberbürgermeister der Landeshauptstadt Düsseldorf

Grußwort der Rektorin der Heinrich-Heine-Universität Düsseldorf

Seit ihrer Gründung im 12. Jahrhundert waren Universitäten immer schon ein Anziehungspunkt für Lehrende und Lernende verschiedenster Herkunft und Sprache. Dieses Phänomen hat in einer globalisierten Welt mit ihrer digitalen Kommunikation und hohen Mobilität sogar noch an Bedeutung gewonnen. Wissenschaft überschreitet nicht nur die Grenzen von Disziplinen, sondern auch die von Ländern und Kulturen. Erst die Begegnung in einem transkulturellen Raum ermöglicht innovative, kreative und dynamische Forschung und Lehre.

Und so tragen auch in Düsseldorf internationale Wissenschaftlerinnen und Wissenschaftler, Gastdozentinnen und Gastdozenten sowie Studierende aus aller Welt zu einer erfolgreichen und spannenden Bildungs- und Forschungslandschaft bei. Zugleich sind sie es, die als Bürgerinnen und Bürger oder als Gäste der Landeshauptstadt das Flair der weltoffenen Metropole mitten im Herzen Europas ausmachen.

Auch auf dem Campus der Heinrich-Heine-Universität (HHU) spiegelt sich diese Vielfalt wider. Mit 11 Prozent internationalen Studierenden, 26 ausländischen Partneruniversitäten und mit englischsprachigen sowie binationalen Studiengängen ist die HHU international hervorragend vernetzt. Gemäß unserer Internationalisierungsstrategie fördern wir internationale Forschungsverbünde, um kreative und zukunftsweisende Lösungen durch den Austausch von Ideen, Wissen, Methoden und Technologien über Grenzen hinweg zu stimulieren. Unsere momentan 25 von der Europäischen Union geförderten Projekte, ein internationales Transregio-Projekt sowie zahlreiche internationale Graduiertenkollegs beweisen den Erfolg dieser Bemühungen. Weltweit unterhält die Heinrich-Heine-Universität auf Fakultäts- und Institutsebene in den Bereichen Studierendenaustausch, Forschung und Lehre Kooperationsbeziehungen zu aktuell 286 ausländischen Hochschulen.

Neben all den Chancen, die Internationalisierung für eine Universität birgt, ergeben sich auch jede Menge Herausforderungen. So gibt es bei der Etablierung internationaler Kooperationen mitunter komplizierte Rechtsfragen zu klären, etwa im Bereich des Wissenstransfers. Zudem benötigt die Pflege internationaler Partnerschaften, die Betreuung internationaler Gäste und die Administration transnationaler Studiengänge einen hohen personellen und finanziellen Aufwand. Schließlich können mangelnde Sprachkompetenzen oder Probleme bei der Vergabe von Visa den internationalen Austausch erschweren.

Insbesondere für die letztgenannten Aspekte braucht es ein starkes Netzwerk, das gemeinsam Internationalisierungsbemühungen betreibt. Ich bin mir sicher, dass wir mit der Stadt Düsseldorf, dem Verein zur Förderung der Wissensregion Düsseldorf e.V. und dem Institut für Internationale Kommunikation e.V. hervorragende Partner vor Ort haben, die unsere Prämisse teilen: Wissenschaft kennt keine Grenzen. Wissenschaft braucht Internationalität.

Prof. Dr. Anja Steinbeck
Rektorin der Heinrich-Heine-Universität Düsseldorf

Grußwort des Vorsitzenden des IIK Düsseldorf

Jedes Jahr kommen ca. 3.000 junge Leute aus über 100 Ländern nach Düsseldorf, um sich beim Institut für Internationale Kommunikation (IIK) insbesondere sprachlich auf Studium und Beruf in Deutschland vorzubereiten. Nur die allerwenigsten waren vorher schon einmal in Düsseldorf, viele hatten den Namen der Stadt noch nie gehört, vor allem wenn sie von anderen Kontinenten angereist sind. Sie entdecken Düsseldorf mit großen Augen, werden aufmerksam auf Dinge, die wir nicht (mehr) sehen, nicht mehr zu schätzen wissen oder mit denen wir uns bereits abgefunden haben. Nach Abschluss ihres Vorbereitungslehrgangs ziehen sie weiter, doch viele bleiben, vornehmlich jene, die die Etappe beim IIK in Düsseldorf als Durchgangsstation zur Orientierung und Akklimatisierung gesehen haben, denn sie fühlen sich wohl in ihrem neuen Leben in Düsseldorf fernab von Familie und Heimatland.

Gerade wer in einer der wachsenden Zahl an Megastädten dieser Welt gelebt hat, weiß die große Internationalität Düsseldorfs bei gleichzeitiger Überschaubarkeit und kurzen Wegen zu schätzen. Und wer aus den trockenen Gebieten Nordafrikas oder Vorderasiens kommt, begeistert sich für das viele Grün und den Regen; wer nur die Tropen kannte, erlebt in Düsseldorf seine ersten Jahreszeitenwechsel. Das Institut profitiert sehr von der hohen Lebensqualität Düsseldorfs, aber es trägt auch viel dazu bei, dass Tausende begabter, motivierter und gut gebildeter junger Menschen in die Wissensregion Düsseldorf kommen, sie mitgestalten und weiterentwickeln, aber auch prägende Jahre ihres Lebens hier verbringen.

In der Veranstaltungsreihe »Mit anderen Augen – Düsseldorf aus Sicht der Welt« wollte das IIK deshalb den Austausch und die gegenseitige Wahrnehmung in Gang bringen, die im vorliegenden Band abgebildet ist, aber auch mit einer Reihe von Beiträgen ergänzt wurde, die weitere kulturelle, gesellschaftliche und wirtschaftliche Facetten der Stadt Düsseldorf »aus Sicht der Welt« zeigen. Entstanden ist dabei ein bunter Strauß an Eindrücken und Vorstellungen, der so vielschichtig und divers ist wie diese Stadt und der Kreis unserer Teilnehmer.

Dr. Matthias Jung
Vorstandsvorsitzender des IIK Düsseldorf e. V.

ZU DIESEM BAND

Düsseldorf und die Tradition des Städtelobs

Helmut Brall-Tuchel
(Heinrich-Heine-Universität Düsseldorf)

Ist die Stadt Düsseldorf nur schön, wenn man aus der Ferne an sie denkt? Die Ferne schult den Sinn für Differenz, weckt aber im Gegenzug das Bedürfnis nach Sicherheit und Beständigkeit, Bequemlichkeit und handverlesener Geselligkeit. Heimatliche Gefühle werden offenbar aus der Distanz intensiver wahrgenommen, dann nämlich, wenn man einen leisen Stich, einen Mangel, verspürt. Heinrich Heines berühmte Sätze über seine Geburtsstadt sind ein beredtes Beispiel dafür.

Für die meisten Autoren, die in diesem Buch zu Wort kommen, ist Düsseldorf allerdings ein ferner Ort, an dem sie länger oder kürzer gelebt und gearbeitet haben. Für sie und diejenigen, die mit ihnen in engerem Kontakt standen, scheint Düsseldorf eine Stadt unter vielen anderen und eben nicht die Heimatstadt zu sein. Das lässt einigermaßen unbelastete Ansichten über diese Stadt und ihre Bewohner erwarten.

In der Kategorie liebenswerter oder auch lebenswerter Städte kann Düsseldorf sich denn auch recht gut behaupten. Dazu ein paar Zahlen aus zwei kürzlich publizierten Umfragen: Düsseldorf liegt im nationalen Vergleich mit 177 von 300 möglichen Punkten auf Rang 101 der deutschen Städte, München mit 207 Punkten an der Spitze, noch vor Heidelberg und

Starnberg. Das Schlusslicht bildet Gelsenkirchen, die Stadt der 1000 Feuer. Leverkusen liegt ebenfalls ganz weit hinten, obwohl der SPD-Oberbürgermeister stets von »unserer schönen Stadt« spricht. Es gibt aber auch Menschen, die Gelsenkirchen lieben; noch vor Kurzem habe ich mit einer Dame gesprochen, die sich entsprechend äußerte.

Im internationalen Vergleich oder im Maßstab der Internationalisierung sieht es freilich viel besser aus. In einer Studie zur Bewertung der Lebensqualität von Expatriates in 231 Großstädten in aller Welt, die im Jahr 2018 bereits zum 20. Mal veröffentlicht wurde, belegt Düsseldorf immerhin Rang 6, vor Frankfurt (7), Genf (8), Kopenhagen (9) und Basel (10). Insgesamt fünf europäische Städte finden wir unter den Top Ten. Daneben sind Neuseeland und Australien mit Auckland (2) und Sydney (10) vertreten. Hinzu kommt Kanada mit Vancouver auf Platz 5. Das Schlusslicht (231) bildet hier nicht Gelsenkirchen, sondern Bagdad.

Warum ranken wir Städte? Wir ranken unsere Städte, weil wir alles ranken in unserer Wettbewerbsgesellschaft. Und warum loben wir sie? Wir loben unsere Städte, weil sie die Säulen von Staat und Gesellschaft bilden. Das Städtelob zählt zu den wichtigsten symbolischen Bausteinen der Kultur. Städtelob, laus urbium, das kommt in unserem kulturellen Grundgefüge gleich nach dem Gotteslob, wie das katholische Gesangsbuch bis heute heißt. Hymnen auf die Stadt wurden auf das himmlische Jerusalem gesungen, danach zumeist auf die eigene Stadt, aber auch auf Städte mit besonderer Ausstrahlung – gelegentlich auch in negativer Hinsicht wie bei Ninive, Babylon sowie Sodom und Gomorrha – oder auf Athen und Sparta, Rom und das irdische Jerusalem. Hinter dem Gottes- und Städtelob rangierten dann das Lob des Landlebens, das Lob des Hauses oder nicht zuletzt das Lob alkoholischer Getränke.

Die herausragende Bedeutung der Stadt hängt ganz offenbar damit zusammen, dass sie – in welchem Zuschnitt auch immer – nicht nur als Zentrum der Machtausübung fungierte, sondern der Kristallisationskern von Gesellschaft war. Denn bei aller Unterschiedlichkeit bildete sich in Städten generell eine Civitas, eine Bürgerschaft, aus. Die Stadt ist insofern der ureigene Ort dynamischer Vergesellschaftung. Die Zusammensetzung, Ausrichtung und historische Entwicklung dieser Körperschaften waren der Stoff, aus dem urbane Zivilisationen sich aufbauten und über Jahrtausende entwickelten.

In seiner bis heute maßgeblichen Typologie der Städte hat Max Weber das Ensemble von Herrschaftssitz und Markt als der Keimzelle der Stadtentwicklung ausgemacht. »Es ist ursprünglich durchaus das Normale, daß die Stadt, wo sie überhaupt als ein vom Lande unterschiedenes Gebilde auftritt, sowohl Grundherren- oder Fürstensitz wie Marktort ist, ökonomische Mittelpunkte beider Art – Oikos und Markt – nebeneinander besitzt, und es ist häufig, daß neben dem regelmäßigen Lokalmarkt Fernmärkte zureisender Händler im Ort periodisch stattfinden.«[1] Das schließt die enorme Unterschiedlichkeit in der Entwicklung von Städten, etwa zwischen weltlicher oder geistlicher Fürstenstadt, Konsumentenstadt, Produzentenstadt, Gewerbestadt, Händlerstadt sowie von globalen Stadtkulturen keineswegs aus, sondern führt das weite Spektrum der Möglichkeiten städtischer Vergesellschaftung vor Augen.

Der Philosoph und Anthropologe Marcel Hénaff unterscheidet in seiner Studie aus dem Jahr 2008 drei Funktionsebenen, deren Zusammenspiel urbane Zivilisation sowohl begründet wie verändert, einmal die »spektakuläre architektonische Realität« wie etwa Monumente und Mauern, dann die Koordination der sozialen Gruppen und gemeinschaftlichen Ziele sowie die Installierung von »Zirkulations- und Kommunikationskanälen«.[2] Diese Organisationsleistungen zu erbringen und den jeweiligen Gegebenheiten anzupassen, war die Aufgabe der Stadtgesellschaften seit den geschichtlichen Anfängen der Stadt.

Nach Lewis Mumfords berühmter Universalgeschichte (The City in History) ist die »Totenstadt (...) älter als die Stadt der Lebenden«.[3] Für ihn »beginnt die Stadt, noch ehe sie fester Wohnort wird, als ein Treffpunkt, zu dem Menschen von Zeit zu Zeit zurückkehren«.[4] Gesellig zu

---

1 Max Weber, Wirtschaft und Gesellschaft. Grundriß der verstehenden Soziologie, 5. Aufl. von Johannes Winckelmann, Tübingen 1976, S. 728.

2 Marcel Hénaff (im Gespräch mit Olivier Mongin), Monument, Stadt, Macht. Die Geschichte des öffentlichen Raums und das Szepter der Souveränität, in: Lettre International 120 (2018), S. 72-79, Zitate S. 72. Siehe jetzt auch in deutscher Übersetzung Marcel Hénaff, Die Stadt im Werden, Hamburg 2019.

3 Lewis Mumford, Die Stadt. Geschichte und Ausblick, Bd. 1, München 1979, S. 5.

4 Ebd., S. 9.

verkehren, geistige Anregung zu erhalten, offen zu sein für Fremde, auch Handel zu treiben, all das sind die Merkmale von Urbanität schlechthin, die DNA der Stadt gewissermaßen.

Der Soziologe Richard Sennett hat darauf hingewiesen, dass in der antiken Stadt »die Komplexität des Lebens mit den Augen«[5] zu sehen war, während unsere modernen Städte nur noch wenig über das Leben ihrer Einwohner verraten, es eher zu verbergen als preiszugeben trachten. Seine Kritik der modernen Stadt gilt dem Rückzug ihrer Bewohner ins Private und der Monopolisierung der öffentlichen Räume durch Kommerz und Tourismus: »Die von Menschen erfüllten Räume der modernen Stadt inszenieren den Konsum und sind ganz auf ihn beschränkt, oder sie sind dem touristischen Erleben vorbehalten und inszenieren dieses. Die Verödung und Trivialisierung der Stadt als Schauplatz des Lebens ist kein Zufall.«[6]

Was passiert nun im Städtelob? Unter historischer Perspektive mag vielleicht interessant sein, dass die Gattung des Städtelobs in der Antike eher auf die ethischen Grundlagen menschlicher Vergesellschaftung, also auf die Ausbildung von Tugenden, abzielte. Im Mittelalter konzentrierte sich das Städtelob auf das spannungsgeladene Leben zwischen den säkularen und sakralen Lebensräumen in der Stadt. In der Moderne hat das Städtelob einerseits im Labyrinth des Großstadt-, Kriminal-, Entwicklungs- und Gesellschaftsromans seine Fortsetzung gefunden, andererseits wurden die Stadt und ihre Bewohner zunehmend zum Objekt wissenschaftlicher Analyse, rationaler Planung und kulturkritischer Reflexion.

Und was geschieht mit uns, wenn wir das Lob einer Stadt, sagen wir Düsseldorfs, vernehmen, ja uns selber aufgerufen fühlen, für sie zu schwärmen oder für sie zu voten? Unsere schöne Stadt? Was verbindet uns mit ihr, was verbinden wir mit ihr? Darauf wird es in diesem Band eine ganze Reihe von Antworten geben, hintersinnige, ironische, lustige, nachdenkliche und kritische Antworten, die ich hier nicht vorwegnehmen möchte. Mit dem Mut zur Vereinfachung könnte man Düsseldorfs Rolle

---

5 Richard Sennett, Civitas. Die Großstadt und die Kultur des Unterschieds, Frankfurt a. M. 1991, S. 11.

6 Ebd. S. 12.

im Städtelob mit vier K's überschreiben: Kunst, Konsum, Kommerz und Köln!

Der dokumentarische Wert der Stadtbeschreibung hat sicher im Zuge dieser zivilisatorischen Entwicklung zugenommen. Dafür erlaubt die moderne Literatur sich allerdings erhebliche subjektive Freiheiten, die dem Städtelob alter Zeiten fremd und unerheblich erschienen wären. Aus Leitbildern wurden zunehmend Stadtansichten, welche die Bedürfnisse und Erfahrungen des Subjekts in den Vordergrund rückten. Was leistet die Stadt in puncto »Arbeit und Wohnen«, »Gesundheit und Sicherheit«, »Freizeit und Natur«? Solche Bilanzen und Bewertungen sind ebenso wichtig wie deren Umkehrung: »Was leiste ich für meine Stadt?« Dennoch sind es nicht nur die Bedürfnisse nach dem materiell gesicherten und sozial angenehmen Leben, sondern auch sehr weit gefächerte Motive, die das vielschichtig geprägte Bild Düsseldorfs »aus Sicht der Welt« ausmachen.

DÜSSELDORF ALS INTERNATIONALER STANDORT IM WIRTSCHAFTSLEBEN

Düsseldorf aus der Sicht des Diplomaten

Balázs Szegner
(Generalkonsul a.D. von Ungarn, Düsseldorf 2015-2019)

Der Anfang und die Vorgeschichte

Anfang des Jahres 2015 habe ich den Posten des Generalkonsuls von Ungarn in Düsseldorf angetreten, das Amt, welches ich bis zum 31. Oktober 2019 innehatte. Meine erste Aufgabe war es, das Generalkonsulat zu eröffnen, da es seit 2009 keine konsularische Vertretung meiner Heimat in Düsseldorf mehr gab. Es war mir eine große Ehre, als Vertreter Ungarns in Nordrhein-Westfalen und Hessen auftreten zu dürfen und ich habe mich sehr gefreut, diese wichtige Aufgabe mit Sitz in Düsseldorf zu erfüllen.

Meine Beziehung zu Düsseldorf ist aber sehr viel älter. Denn schon als Austauschschüler habe ich die Umgebung von Düsseldorf kennengelernt und konnte die Stadt ein paar Mal besuchen. Weitere persönliche Eindrücke hat mir eine kurze Praktikumszeit im Sommer 1993 verschafft, als ich bei der Stadtsparkasse Düsseldorf tätig war. Diese Gelegenheit hat für mich bei weitem mehr als nur eine schöne Zeit bedeutet, denn im Rahmen des Praktikums konnte ich praxisnah mehr über die Düsseldorfer Börse – damals noch Parkettbörse – lernen. Diese eindrucksvolle Erfahrung hat nachhaltig meine Karriere beeinflusst, da ich daraufhin 20 Jahre lang als

Investment Banker gearbeitet habe, wobei ich eine Zeit lang an der Börse in Budapest tätig war.

Somit war es einer Art Rückkehr, als ich 2015 wieder nach Düsseldorf kam, an das ich schon gute Erinnerungen hatte.

Wie ist Düsseldorf?

Man hat mich oft gefragt, wie ich die Stadt finde. Antworten kann man in vielerlei Hinsicht: Man kann die physische Erscheinung, die tolle Lage am Rhein oder die Architektur mit ihrer wunderbaren Vielfalt erwähnen. Man kann über die Stadt als Verwaltungs- und politisches Zentrum Nordrhein-Westfalens sprechen oder sie als Wirtschaftsmetropole, die Stadt der Werbeagenturen, Kanzleien, Modebranche oder – früher – den Schreibtisch des Ruhrgebiets beschreiben. Düsseldorf ist auch eine Stadt der Kultur mit namhaften Instituten und großartigen Veranstaltungen. Es ist auch wahr, dass Düsseldorf viel an Geschichte zu bieten hat, was mich persönlich sehr interessiert.

Trotz all dieser Einschätzungen finde ich, dass eine Stadt wie ihre Bewohner ist. Ich war nicht ausschließlich beruflich in der Landeshauptstadt unterwegs, sie war mir knapp fünf Jahre lang auch Wohnsitz, mein Zuhause. In dieser Zeit und durch die breite Palette meiner Aktivitäten konnte ich zahlreiche Menschen aus verschiedensten Bereichen kennenlernen. Ich habe ein sehr positives Bild über die Bewohner der Stadt entwickelt, was vor allem von deren guter Laune und Hilfsbereitschaft geprägt ist.

Meine Philosophie

Während meiner Tätigkeit habe ich einen zentralen Ansatz verfolgt: Ich habe versucht, so viele Partnerschaften aufzubauen, wie es mir möglich war. Was braucht es, um Partnerschaften aufzubauen? Ein Thema von beidseitigem Interesse und vor allem stabile, kooperierende Partner. Ich habe vieles versucht, um zwischen meiner Heimat und Düsseldorf neue Partnerschaften zu bilden und einige sind auch gelungen, aber eines ist mir am Ende klargeworden: Ohne starke, unterstützende Partner vor Ort kann keine Partnerschaft entstehen und vor allem nicht nachhaltig erhalten bleiben. Deshalb bin ich all meinen Helfern dankbar, die bei der Suche nach Teilnehmern für Partnerschaften und deren Aufbau geholfen haben.

Partnerschaften

Zwei für mich wichtige Bereiche möchte ich schildern, in denen durch konstruktive und kooperative Beteiligungen Partnerschaften entstehen konnten. Und ich habe die vielleicht nicht unbegründete Hoffnung, dass diese auch in Zukunft erhalten bleiben werden. Wegen meines schon zuvor erwähnten Schüleraustauschs im Raum Düsseldorf habe ich persönliche Erfahrungen mit Schulpartnerschaften gemacht. Meine Erfahrungen können am besten dadurch beschrieben werden, indem ich einfach nur erwähne, dass bis heute noch mit einigen Schulkameraden aus der deutschen Partnerschule Kontakt halte. Dies ist mir Beweis dafür, dass Schulpartnerschaften nicht nur Austausch, Kennenlernen von Sprache und Kultur des Anderen ermöglichen, sondern dass auch dauerhafte Freundschaften dabei entstehen können. Gleich nach meinem Amtsantritt habe ich mich erkundigt, ob die Schulpartnerschaft, durch die ich zum ersten Mal in NRW war, noch besteht. Aber leider ist dies nicht mehr der Fall. Das ist ein typischer Beweis dafür, dass (Schul-) Partnerschaften – wie fast alles andere im Leben – Zyklen unterliegen. Ich habe mir sofort vorgenommen, neue Schulpartnerschaften zu initiieren und erst später erfahren, dass dies gar nicht so einfach ist. Nicht nur wegen der wichtigen fachlichen Fragen und Schwerpunkte, die gut zusammenpassen müssen, sondern vor allem wegen des ersten Schrittes. Um eine Teilnehmersuche für Schulpartnerschaften durchführen zu können, muss zunächst Vertrauen vorhanden sein. Das habe ich gelernt, als ich mit Hilfe des Bürgermeisters der Stadt, Herrn Friedrich G. Conzen, die Leitung des Wim-Wenders-Gymnasiums – damals Gymnasium an der Schmiedestraße – kennengelernt habe.

Die Schulleitung – Frau Dr. Antonietta Zeoli und Herr Hannes Stork – war ein offener und enthusiastischer Kandidat für eine Schulpartnerschaft. Sie war sogar bereit, sich mit potenziellen Partnerschulen in Ungarn zu treffen. Unter solchen Umständen ist es kein Wunder, dass zwei neue Partnerschaften – meiner Ansicht nach in Rekordzeit – entstanden sind: einmal das Lehrkräfteaustauschprogramm mit dem Miklós Radnóti

Gymnasium (Szeged, Ungarn) und ein Schüleraustauschprogramm mit dem Szent István Gymnasium (Budapest, Ungarn). Die Partnerschaft wurde auf der Bühne der Ungarn Tage in Düsseldorf im Jahr 2018 von Herrn Oberbürgermeister Thomas Geisel bekanntgegeben. Der Heimatverein Düsseldorfer Jonges – wo ich selbst auch Mitglied wurde hat unser Projekt großzügig unterstützt, wofür ich mich hiermit sehr bedanke.

Einige meinen, dass konventionelle Partnerschaften keine große Zukunft im Zeitalter der Digitalisierung haben. Ich teile diese Einstellung nicht ganz, aber bin dennoch sehr dafür, dass man mit der Zeit und ihrem Wandel mithalten muss. In diesem Sinne haben wir als Generalkonsulat eine Zusammenarbeit zwischen Düsseldorf und Budapest in Sachen Digitalisierung initiiert. Im Jahr 2017 wurde eine Absichtserklärung zwischen der Digitalen Stadt Düsseldorf (DSD) und der Wirtschaftsförderung Budapest in Düsseldorf unterzeichnet, um zukünftig Start-up-Veranstaltungen gegenseitig besuchen zu können und einen Erfahrungsaustausch durchzuführen. Als Ergebnis dieser Zusammenarbeit wurde ein Halbfinale des Rheinland-Pitches sowohl 2018 als auch 2019 in Budapest ausgerichtet, bei dem sogar jeweils ein ungarisches Start-up am Finale in Düsseldorf beteiligt war. Das hat nicht nur eine neue »digitale« Generation von Partnerschaften ergeben, sondern auch die Internationalisierung des größten Start-up-Wettbewerbes des Rheinlandes hervorgebracht. Ich bin stolz darauf, dass gerade Ungarn bzw. Budapest dabei eine Rolle spielen durfte und hege die Hoffnung, dass diese Zusammenarbeit auch in Zukunft erhalten bleibt. Bei dem Aufbau der Partnerschaft in Düsseldorf haben Stephan Schneider (DSD), Lorenz Gräf (Startplatz) und Christian Klapka wichtige Rollen gespielt, wofür ich sehr dankbar bin.

Ungarn-Tage

Düsseldorf ist bekannt dafür, den Vertretern vieler Nationen in der Rheinmetropole eine Heimat zu bieten. Als Beispiele möchte ich vor allem die Einflüsse der japanischen, französischen und weiterer Kulturen nennen. Deren Traditionen werden festlich bewahrt, wenn zum Beispiel der bekannte Japan-Tag, das Frankreichfest, das Griechenland-Festival oder die chinesische Kultur gefeiert werden. Seit 2015 hat die nordrhein-westfälische Landeshauptstadt nun auch Ungarn-Tage. Die Schirmherrschaft hat Herr Oberbürgermeister Thomas Geisel von Anfang an übernommen, dafür bin ich ihm sehr verbunden. Die Ungarn-Tage fanden zwischen 2015 und 2019 von einer Ausnahme abgesehen jährlich statt und haben ihre Ausrichtung stark ausgebaut. Wir verfolgen das Ziel, das Land Ungarn, seine Kultur, Gastronomie, Innovationen, Sport und Geschichte den Düsseldorfer Bürgerinnen und Bürger näher zu bringen. Ich wünsche mir, dass die DüsseldorferInnen auch weiterhin neben Japan, Frankreich, China, Griechenland usw. die Möglichkeit haben werden, die Ungarn-Tage begehen, genießen und erleben zu können.

Leben in Düsseldorf

Es hat mir sehr gefallen, in Düsseldorf zu leben. In Oberkassel zu wohnen, mit dem Fahrrad über die Rheinkniebrücke zur Arbeit zu fahren und unterwegs die wunderschönen Fassaden der Wildenbruchstraße, den atemberaubenden Ausblick – vor allem morgens – von der Brücke auf den Rhein und die rechtsrheinischen Stadtteile zu bewundern, empfand ich als wunderbare Erlebnisse. Meine Arbeitstage waren üblicherweise wesentlich länger als es eine durchschnittliche Arbeitswoche vorsieht, aber ich habe für mich eine Work-Life-Balance gefunden. So konnte ich mich trotz ausgesprochen viel Arbeit beim Sport immer wieder erholen. Ich bin meinen Sportstudios im Stadtteilen Heerdt und in Wersten sehr verbunden. Sie haben zu meiner Arbeitsleistung durch die vielfältigen Sportaktivitäten, die mich angestrengt und gleichzeitig doch gestärkt haben, ganz wesentlich beigetragen. Ich denke besonders gerne an das Café Muggel im Stadtteil Oberkassel zurück, das für mich eine Art Stammcafé oder Wohnzimmer für 5 Jahre gewesen ist.

Danksagung

Ich bin und bleibe Düsseldorf für die schöne Zeit, die ich in der Stadt verbringen und erleben durfte, verbunden und werde der Stadt immer wieder gerne einen Besuch abstatten.

Die Messe – Düsseldorfs Tor zur Welt

Werner M. Dornscheidt und Walter Gesell
(Messe Düsseldorf Gruppe)

Als Männer und Frauen noch Hüte trugen und die Fernsehbilder schwarzweiß waren, gab es auf der Messe Düsseldorf schon Innovationen live und in Farbe. Der Zeit voraus zu sein, das war schon unser Anspruch, als wir noch NOWEA (Nordwestdeutsche Ausstellungsgesellschaft) hießen und im Jahre 1947 damit begannen, die Basis für Begegnung, Bewegung und Begeisterung zu schaffen. Die »Welt« nach Düsseldorf zu holen und Wandel in den Handel zu bringen, dafür erfinden wir Bewährtes immer wieder neu. Wir öffnen der ganzen Welt unsere 147 Hallentore, hinter denen sich genug Platz für Wachstum, Austausch und Zukunftsorientierung findet.

Die Messe Düsseldorf Gruppe

Die Messe Düsseldorf Gruppe ist eine der erfolgreichsten Messegesellschaften Deutschlands. Rund 378,5 Millionen Euro Umsatz wurden im letzten Geschäftsjahr erzielt, bei deutlich gestiegenen Aussteller- und Besucherzahlen. 2019 präsentierten auf den Veranstaltungen in Düsseldorf 29.222 Aussteller insgesamt 1,4 Mio. Fachbesuchern ihre Produkte. Am Standort Düsseldorf finden rund 40 Fachmessen in den fünf Kompetenzfeldern »Maschinen, Anlagen & Ausrüstungen«, »Handel, Handwerk & Dienstleistungen«, »Medizin & Gesundheit«, »Lifestyle & Beauty« sowie »Freizeit« statt. Dazu zählen 22 eigene Nummer-1-Messen sowie derzeit 15 starke Partner- und Gastveranstaltungen. Hinzu kommen mehr als 1.000 Kongresse, Firmenevents, Tagungen und Meetings der Tochtergesellschaft Düsseldorf Congress mit rund 374.000 Teilnehmern im Jahr 2019. Außerdem organisiert die Messe Düsseldorf Gruppe 75 Eigenveranstaltungen, Beteiligungen und Auftragsveranstaltungen im Ausland und ist damit eine der führenden Exportplattformen weltweit. Zu den Eigenveranstaltungen in Düsseldorf kamen 2019 rund 73 Prozent der Aussteller und 37 Prozent der Fachbesucher aus dem Ausland in die Stadt am Rhein. 77 Auslandsvertretungen für 141 Länder – darunter sieben internationale Tochtergesellschaften – bilden das globale Netz der Unternehmensgruppe und garantieren Rückkopplungseffekte für die Düsseldorfer Homebase.

Düsseldorf und seine internationalen Messebesucher

Unsere Gäste schätzen an Düsseldorf besonders die kurzen Wege, die rheinische Mentalität und die Internationalität.

Kurze Wege – in nur zehn Minuten vom Flughafen zur Messe oder in die Innenstadt. Wo gibt es das sonst? Dazu die gute Vernetzung in der Stadt. Nach einem anstrengenden Messetag muss niemand Stunden auf dem Weg zum Hotel verbringen. Auch die Altstadt ist von unserem Messegelände nur einen Katzensprung entfernt – und mit den U-Bahn-Linien in wenigen Minuten schnell und komfortabel zu erreichen.

Einmal in der Altstadt, sind unsere Besucher mittendrin. Und werden von den Düsseldorfern herzlich empfangen, weltoffen und tolerant – jeder Jeck ist anders! So steht es schließlich auch schon im »rheinischen Grundgesetz«. Und diese Lebensart steckt an – auch unsere Besucher. Bei den B2B-Messen unserer Global Portfolios kamen 2019 rund 70 Prozent der Aussteller und Besucher aus dem Ausland. Natürlich hat nicht jeder Gast den gleichen Geschmack. Aber an der »längsten Theke der Welt« wird jeder fündig: Ob uriges Brauhaus, schickes Bistro oder trendige Bar.

Die Internationalität der Stadt wird sehr geschätzt. Wir »Messianer« leisten hier einen nicht unwesentlichen Beitrag. Natürlich auch die vielen anderen Unternehmen, die in Düsseldorf und im Umland angesiedelt sind

– von Start-ups bis zu DAX-Konzernen. An den Hochschulen und Forschungsinstituten der Region tummeln sich viele Expats. Mit Englisch kommt man immer weiter. Wir pflegen aber auch eine besondere Beziehung zu Frankreich oder werden nicht umsonst »Little Tokyo am Rhein« genannt.

Trotz aller Großstadtattitüde wirkt Düsseldorf doch manchmal wie das Dorf, das es im Namen trägt: Vielleicht liegt es an den genannten kurzen Wegen, vielleicht auch an der offenen Art der Düsseldorfer. Auf jeden Fall hat diese Stadt einen besonderen Charme, der unseren Kunden gefällt. Was wollen wir mehr?

Ansichten aus dem Nachbarland Österreich

Perfekt organisierte und inszenierte Plattformen für das weltweite Geschäft – dahin haben sich die Messen in Düsseldorf für viele Branchen über Jahrzehnte entwickelt. Und genauso wird Düsseldorf aus der Perspektive der österreichischen Messeteilnehmer auch wahrgenommen.

Für die Attraktivität als Messeplatz ist aber nicht allein die technisch organisatorische Abwicklung rund um das Messegeschehen selbst entscheidend, sondern ein Umfeld, das es Ausstellern und Besuchern erlaubt, ihre Teilnahme so effizient und so angenehm wie möglich zu gestalten. Dazu zählen nach allgemeiner Einschätzung die problemlose Erreichbarkeit von Aufenthaltsorten mit allen Verkehrsmitteln, eine gut funktionierende verkehrs- und kommunikationstechnische Infrastruktur, leistungsfähige Dienstleister und eine internationalen Standards entsprechende Hotellerie und Gastronomie.

All das hat Düsseldorf zu bieten und das ist es auch, was zum positiven Image der Stadt in den Augen der Besucher aus Österreich beiträgt. Die Fähigkeit, diese Gegebenheiten den sich ändernden Bedingungen laufend und zügig anzupassen, ist eine weitere Stärke dieser Stadt.

Sehr positiv schneidet die Düsseldorfer Gastronomie bei Ausstellern und Besuchern ab. Vielfalt, Qualität, Originalität und Unterhaltung sind hierbei die entscheidenden Faktoren. Die Gelegenheit, selbst und gemeinsam mit internationalen Gästen die Szene zu erleben und einen Ausgleich zum Tagesgeschäft zu schaffen, fördert die Beliebtheit des Messestandortes Düsseldorf.

Willkommenskultur für internationale Fach- und Führungskräfte

Johannes Grünhage
(Expat Service Desk der Landeshauptstadt Düsseldorf, des Kreises Mettmann und der IHK Düsseldorf)

Die Landeshaupstadt Düsseldorf und der Kreis Mettmann gehören zu den internationalsten Regionen Deutschlands und zählen überdies zu den beliebtesten Standorten für Expats weltweit. Regelmäßig landet der Standort in den internationalen Rankings auf einem der ersten Plätze. Was macht die Region für diese Gruppe so besonders?

Es ist immer die Lebens- und Arbeitsqualität vor Ort, die einen Standort für internationale Fach- und Führungskräfte so attraktiv macht. Als Sitz vieler börsennotierter und internationaler Unternehmen sowie einem starken Mittelstand bietet die Region beste Bedingungen für Karriere und Beruf. Im Zentrum des größten europäischen Wirtschaftsraumes ist die Region weltweit mit allen wichtigen Wirtschaftsstandorten verbunden. Weiterhin bietet die Region ausgezeichnete Möglichkeiten zur Freizeitgestaltung und Erholung. Bei aller Internationalität bewahrt Düsseldorf dennoch den Charme einer kleineren Metropole, die von Grünanlagen geprägt ist und unmittelbar an den Kreis Mettmann grenzt, der als wichtiger Wirtschaftsstandort über malerische Landschaften und Naherholungsgebiete verfügt.

Aber nicht nur die ausgewogene Kombination aus Karriere und Leben, sondern auch die ausgezeichneten internationalen Strukturen machen den Standort attraktiv. Über zwanzig Länder sind mit Konsulaten und Außenwirtschaftsvertretungen hier präsent. Auch für den Nachwuchs ist gesorgt - fünf internationale Schulen haben in der Region ihren Sitz, zudem gibt es viele bilinguale Kindergärten, internationale Klassen an deutschen Schulen und viele weitere Bildungseinrichtungen.

Alljährlich finden in der Landeshauptstadt Düsseldorf internationale Feste statt, wie z. B. der bekannte Japan-Tag, das China-Fest, die Ungarn-Tage oder der Europatag. Diese Aktivitäten fördern den interkulturellen Dialog, zeigen die Kulturen und Besonderheiten anderer Länder auf und tragen zur guten Zusammenarbeit bei. Die Region verfügt über eine große Anzahl nationaler Communitys, die sich in Verbänden und Vereinen organisieren, wie z. B. die japanische, chinesische, US-amerikanische, französische, britische, russische oder spanische Community. Die Newcomer gründen zudem neue, international ausgerichtete Organisationen, Initiativen und soziale Communitys oder diverse Online-Plattformen, wie Meetup-Gruppen, Expat-Blogs etc.

Diese Internationalität der Region zeigt sich insbesondere in der von den Industrie- und Handelskammern des Rheinlandes gemeinsam herausgegebenen Studie »Ausländische Unternehmen im Rheinland 2019«. Von den über 85.000 Unternehmen im IHK-Kammerbezirk Düsseldorf werden 17% von einem ausländischen Staatsangehörigen geführt oder verfügen mehrheitlich über ausländisches Gesellschaftskapital. Zudem besitzen 20% der Bevölkerung in der Landeshauptstadt Düsseldorf und im Kreis Mettmann eine ausländische Staatsangehörigkeit.[1] Der Anstieg ausländischer Direktinvestitionen sowie das starke internationale Engagement lokaler Unternehmen führen nämlich dazu, dass mehr und mehr ausländische Spezialisten in der Region eingesetzt werden. Für die Unternehmerschaft im Ganzen stellt die Internationalisierung durchaus eine

1 Vgl.: https://www.duesseldorf.ihk.de/blob/dihk24/produktmarken/Aussenwirtschaft/downloads/2593982/0ba1702769d97a922cafad88f6fbcb5f/M2_Auslaendische_Unternehmen_im_Rheinland-data.pdf

Von links nach rechts: Johannes Grünhage (Leiter Expat Service Desk), Thomas Geisel (Oberbürgermeister der Landeshauptstadt Düsseldorf), Svitlana Bayer (Projektkoordinatorin Expat Service Desk), Thomas Hendele (Landrat Kreis Mettmann), Gregor Berghausen (Hauptgeschäftsführer IHK Düsseldorf).

Herausforderung dar, insbesondere in den Bereichen, in denen noch wenig Erfahrung auf diesem Gebiet besteht.

Die Wirtschaftsförderungen der Landeshauptstadt Düsseldorf und des Kreises Mettmann sowie die IHK Düsseldorf haben daher eine Anlaufstelle ins Leben gerufen, die den internationalen Newcomern und ihren Familien sowie den international ausgerichteten Unternehmen kompakte Informationen zum Leben und Arbeiten in der Region bereitstellt.

Die Aufgabe des »Expat Service Desk ME &DUS« (ESD) ist es, diese Unternehmen beim Einsatz ihrer Mitarbeiterinnen und Mitarbeiter aus dem europäischen und außereuropäischen Ausland zu unterstützen. Dieser Service umfasst Beratungen für Unternehmen und Expats zu allen Themen, die das Leben und Arbeiten in der Region betreffen. Dadurch werden das Entsendemanagement und der Einsatz internationaler Angestellter deutscher und internationaler Unternehmen, insbesondere kleiner und mittlerer Unternehmen (KMUs) erheblich vereinfacht. Durch die Beschleunigung und Erläuterung von Verfahrensabläufen und administrativen Vorgängen wird für die Unternehmerschaft ein eindeutiger Mehrwert geschaffen. Zudem stärkt dieser Service die Attraktivität des Investitionsstandortes international und deutschlandweit. Insgesamt trägt die Anlaufstelle für Expats und ihre Familien zur Willkommenskultur der Region Stadt Düsseldorf - Kreis Mettmann bei.

Der ESD wurde für die Zeit Juli 2016 - Juni 2019 aus Mitteln des Europäischen Fonds für regionale Entwicklung (EFRE) gefördert - mit der Option, die Servicestelle im Anschluss zu verstetigen. Unmittelbar nach Eröffnung des ESD stiegen die Beratungszahlen stark an. Die Serviceangebote wurden erheblich von der Unternehmerschaft und den Expats nachgefragt, oft auch noch vor dem eigentlichen Einsatz in Deutschland. Seit dem 1. Juli 2019 wird die Servicestelle von allen Partnern finanziert und getragen, da hier eine Servicelücke in der regionalen Behördenlandschaft geschlossen werden konnte.

Über diese Erfolgsstory freuen sich Oberbürgermeister Thomas Geisel, Landrat Thomas Hendele und IHK-Hauptgeschäftsführer Gregor Berghausen bei ihrem Besuch im Expat Service Desk im Juni 2019.

»JAPANS HAUPTSTADT AM RHEIN«

Düsseldorf: ein japanisches Zentrum in Europa

Michiko Mae (Heinrich-Heine-Universität Düsseldorf)

Düsseldorf ist ein wichtiges japanisches Zentrum in Europa, auch wenn heute in den Weltmetropolen London oder Paris mehr Japaner leben; aber eine funktionierende japanische Community mit einer fast vollständigen Infrastruktur und Organisationen wie dem Japanischen Club mit seinen verschiedenen Abteilungen gibt es nur in Düsseldorf. Zur Infrastruktur gehören die Japanische Internationale Schule, das Kulturzentrum mit Tempel, das Eko-Haus der japanischen Kultur, die japanische Außenhandelsförderorganisation JETRO (Japan External Trade Organization), die Japanische Industrie- und Handelskammer und der Japanische Club mit ca. 4000 Mitgliedern. Daher kann man zu Recht behaupten: Düsseldorf ist die Hauptstadt der Japaner in Europa.

Wie Düsseldorf zu einem japanischen Zentrum in Europa wurde

Interessanterweise war es nach 1945 zuerst gar nicht so eindeutig, dass Düsseldorf ein Zentrum der Japaner werden sollte. Vor dem Zweiten Weltkrieg war natürlich die Hauptstadt Berlin auch für Japaner das Zentrum in Deutschland. Nach 1945 war aber nicht Düsseldorf, sondern wegen des Außenhandels Hamburg die wichtigste Stadt und auch Frankfurt wurde in Erwägung gezogen, um ein japanisches Zentrum zu gründen. Für Düsseldorf sprach in erster Linie die Nähe zu Bonn, das im Mai 1949 zur Hauptstadt der Bundesrepublik wurde. Durch die Teilung Deutschlands in zwei Staaten geriet Hamburg geographisch an die Peripherie und Düsseldorf als neue Landeshauptstadt des bevölkerungsreichsten und industriell und wirtschaftlich bedeutendsten Bundeslandes NRW wurde immer wichtiger. Für den Wiederaufbau Japans erwies sich die Verbindung mit dem Rhein-Ruhrgebiet als Schwerindustriezentrum als besonders effizient. Obwohl im Jahr 1952, als Japans Außenhandel nach dem San Francisco Friedensvertrag wieder in Gang kam, viele japanische Banken und Handelshäuser ihre Filialen in Hamburg hatten, gründete das wichtige Handelshaus Mitsubishi seine Zentrale für Deutschland 1955 in Düsseldorf. Deutschland hatte im Vergleich mit England und Frankreich zwischen 1960 und 1982 den größten Anteil an Japanern in der Bevölkerung; ca. 55 Prozent davon waren auf die beiden Städte Hamburg und Düsseldorf in etwa gleich verteilt. Im Jahr 1971 wurde die erste japanische Auslands-Ganztagsschule in der westlichen Welt in Düsseldorf gegründet. Damit war eine wichtige Grundlage für die Entstehung einer japanischen Community in Düsseldorf gelegt. Im Jahr 1972 kam es dann zu einer Wende beim japanischen Bevölkerungsanteil: Von da an war und blieb er in Düsseldorf höher als in Hamburg. Seit dieser Zeit ist Düsseldorf das japanische Zentrum in Deutschland und dies änderte sich auch nach dem Jahr 1990 nicht, als Berlin die Hauptstadt der Bundesrepublik wurde. 1964 wurde der Japanische Club gegründet, 1966 die Japanische Industrie- und Handelskammer und 1971 die bereits erwähnte Japanische Schule. Neben dem Japanischen Generalkonsulat wurden diese Institutionen als die drei Säulen der japanischen Community betrachtet. 1978 wurde das Japan-Haus (später: das Deutsch-Japanische Zentrum) in der Immermannstraße eröffnet und 1988 wurde das Eko-Haus der Japanischen Kultur e.V. mit dem japanischen Tempel errichtet. Nach und nach wurde eine immer umfassendere Infrastruktur für die japanischen Unternehmen und die japanischen Bürger/innen in Düsseldorf aufgebaut und es entstand ein japanisches Zentrum, das zusammen mit einer gut organisierten japanischen Community in Deutschland, aber auch in Europa einzigartig ist.

Ekohaus Düsseldorf

Japan – ein Inselstaat – war lange Zeit ein Land, das sich vor Außenkontakten abschirmte. In der Zeit zwischen 1639 und 1854 schloss sich Japan von der Außenwelt ab. Ein wichtiger Grund dafür war die Angst, von den Europäern christianisiert und kolonialisiert zu werden. Als sich Japan in der Mitte des 19. Jahrhunderts unter starkem Druck durch die westlichen Mächte öffnete, war es ein Düsseldorfer Kaufmann, Louis Kniffler (1827-1888), der für die damals entstehende deutsch-japanische Beziehung eine wichtige Rolle spielte. Nur wenige Jahre nach der von dem amerikanischen Kommodore Matthew C. Perry erzwungenen Öffnung gründete Kniffler 1859 in Nagasaki seine Firma L. Kniffler & Co., das erste von einem Deutschen gegründete Unternehmen in Japan. Als erster preußischer Konsul hat er die Initiative ergriffen und dazu beigetragen, dass am 24. Januar 1861 der »Freundschafts-, Schifffahrts- und Handelsvertrag« zwischen Japan und Preußen abgeschlossen wurde, dem dann 1871 das Deutsche Reich beitrat. Damit war Kniffler nicht nur einer der ersten deutschen Unternehmer in Japan, sondern auch ein Pionier der deutsch-japanischen Beziehungen. Für diese Leistung wurde 1978 vom Heimatverein Düsseldorfer Jonges eine Gedenktafel errichtet, die im Mai 2014 durch eine Tafel in japanischer Übersetzung ergänzt wurde. Auch durch den Beitrag Knifflers zum Aufbau der deutsch-japanischen Beziehungen war Düsseldorf dazu prädestiniert, ein japanisches Zentrum in Europa zu werden.

Japans Weg zur Modernisierung

Der Aufbau des modernen Japan während der Meiji-Zeit (1868-1912) vollzog sich in Zusammenarbeit mit vielen deutschen Juristen, Medizinern, Ingenieuren, Offizieren, Pädagogen, Philosophen etc., die in Japan mit ihrem Wissen und ihrer Kompetenz die Modernisierung des japanischen Staatswesens, der Verwaltungsstruktur und Rechtsordnung, des Bildungs- und des Gesundheitssystems und vieler anderer Bereiche vorantrieben, gemeinsam mit Japanern, die bei ihnen gelernt oder in Deutschland studiert hatten.

Schon Mitte des 18. Jahrhunderts stand in der »Enzyklopädie« von Diderot und D'Alembert zu lesen: »Dieses erstaunliche Volk ist das einzige von Asien, das nie besiegt wurde, das unbesiegbar scheint. [...] Es besitzt alles, was uns fehlt.«[1] Auch wenn der letzte Satz übertrieben ist, war die kulturelle Offenheit eine Stärke Japans in der denkbar schwierigen Übergangsphase von der vormodernen zur modernen Gesellschaftsstruktur. Nachdem sich der Schock über die Ankunft der vier amerikanischen Kriegsschiffe gelegt hatte, begann in Japan ein gewaltiger Transformationsprozess von einer vormodernen Gesellschaft zu einem modernen Nationalstaat. Dieser Prozess des Wandels vom Tokugawa-Shogunat zum Nationalstaat mit dem japanischen Kaiser als zentraler Machtfigur wurde ohne Blutvergießen vorangetrieben; daran erkennt man, dass das föderalistische System der Edo-Zeit, also der Phase vor der Meiji-Zeit, ein gut funktionierendes politisches System war und dass die japanische Gesellschaft, die damals zum Teil bereits eine bürgerlich-städtische Gesellschaft war, für die Moderne gut vorbereitet war. Viele jüngere, rangniedrige Samurai, die eine gute politische Einsicht und große Weitsicht hatten, haben die Meiji-Revolution durchgeführt, indem sie die Vorrechte ihres eigenen Samurai-Standes beschnitten und eine neue Gesellschaftsstruktur erschufen. Allerdings war dies eine Reformpolitik von oben, und darin gleicht

---

1 Encyclopédie ou dictionnaire raisonné des sciences, des arts et des métiers. (Hrsg. von Denis Diderot und Jean-Baptiste le Rond d'Alembert). 1751–1759.

der Aufbau des japanischen Nationalstaats der ungefähr gleichzeitigen Entwicklung des deutschen Reichs unter dem Reichskanzler Bismarck. Man hat deshalb die Frage gestellt, ob Japans Weg in die Moderne ein Sonderweg nach deutschem Vorbild war. In der Tat gibt es zwischen beiden Ländern als »verspäteten Nationen« bei ihrer jeweiligen Modernisierung viele Gemeinsamkeiten. Während im technisch-industriellen Bereich eher die angelsächsischen Länder als Modell dienten, war Preußen-Deutschland in den staatlichen Bereichen der Verfassungsreform, der Rechtsordnung, des Militärwesens und des Bildungssystems Vorbild bis 1945.

In der heutigen konfliktreichen Weltsituation scheint es oft um Probleme zu gehen, die mit der Modernisierung oder vielmehr mit dem Scheitern der Modernisierung zu tun haben, weil in den betreffenden Gesellschaften die demokratischen Kräfte nicht stark genug sind. Den Herausforderungen durch die Moderne kann sich kein Land der Welt entziehen. Das gilt auch für Kulturen, Religionen, Traditionen und soziale Strukturen, denen diese Modernisierung sozusagen von außen entgegentritt. Japan hat diese Erfahrung schon vor 150 Jahren gemacht und es konnte auf die Herausforderung durch den Westen mit seiner eigenen Modernisierung erfolgreich antworten.

Dieser erfolgreiche Modernisierungsprozess war möglich, weil es schon immer eine Stärke der japanischen Kultur war und bis heute ist, offen zu sein für andere Kulturen, sei es die chinesische oder die westliche Kultur. In dieser kulturellen Offenheit konnte die eigene Kultur dadurch entwickelt werden, dass sie Elemente aus anderen Kulturen in sich aufnahm und zu etwas Eigenem machte. Selbst in den Phasen der Abschließung gegenüber der Außenwelt haben die japanische Kultur und Gesellschaft viel von außen aufgenommen – zuerst aus China, dann aber auch – trotz Abschließung – aus Europa. Es gibt sogar eine japanische Bezeichnung für das in der Edo-Zeit aus Europa aufgenommene wissenschaftliche, technische und medizinische Wissen: rangaku (Hollandwissenschaften, weil nur den Holländern der Handel mit Japan erlaubt war). Mitte des 19. Jahrhunderts waren die Japaner dann stark genug, der Herausforderung durch den Westen mit ihrer eigenen Modernisierung entgegenzutreten. Weil Japan sich mit der Moderne kritisch auseinandergesetzt hat, konnte es sie zu seiner eigenen Kultur machen und es ist heute nicht nur ein asiatisches, sondern auch ein westliches Land.

Japan zwischen »Barbarei« und »Zivilisation«

Wie schwer es für Japan war, als ein gleichwertiger moderner Staat anerkannt zu werden, zeigt ein Zitat des bedeutenden Kunstwissenschaftlers und Kulturvermittlers Okakura Tenshin (1862–1913), der in seinem »Buch vom Tee« (1906) sinngemäß sagte: Solange Japan ein friedfertiges Land war, wurde es von Europa und den USA als ein »barbarisches Land« (yabankoku) betrachtet. Als Japan in China barbarisch ein Massaker anrichtete und China im Krieg besiegte, nannte Europa es ein »zivilisiertes Land« (bunmeikoku). Wenn die Zivilisation von einem grausamen Krieg abhängt, wollen wir gern Barbaren bleiben, so Okakura.[2]

Wie in dieser scharfen Kritik der ‚Zivilisiertheit' und des Kriegs durch Okakura deutlich wird, war der Blick der Europäer auf Japan sehr ambivalent. Japan, das für Europäer weit hinter China lag und das kaum jemand wahrgenommen hatte, erlangte nicht durch seine Bemühungen um die Modernisierung, sondern durch seine Siege im Chinesisch-Japanischen (1894–1895) und im Russisch-Japanischen Krieg (1904–1905) große Aufmerksamkeit und eine gewisse Anerkennung bei den Europäern. Durch den rassistischen Blick war diese Anerkennung zugleich mit Angst vor Bedrohung verbunden, so dass das Schlagwort von der »Gelben Gefahr« aufkam. Wie die Europäer auf Japan und die Japaner in der damaligen Zeit blickten, das möchte ich deutlich machen mit einer Episode, die sich gegen Ende des 19. Jahrhunderts nur 30 Jahre nach der Öffnung Japans ereignet hat und die in Japan bekannt ist als »Naumann-Debatte« (Naumann ronsô).

Im Jahr 1886 hielt der Geologe Edmund Naumann (1854–1927) zweimal einen Vortrag über Japan, der auch als Artikel in der Münchener »Allgemeinen Zeitung« gedruckt wurde. Er war gerade von einem zehnjährigen Aufenthalt in Japan zurückgekehrt, wo er als Berater der Regierung und als Leiter des geologischen Untersuchungsamts des Landwirtschaftsministeriums die organisatorischen und wissenschaftlichen Grundlagen für die geographische Erschließung Japans gelegt hatte. Am Ende seines Artikels schreibt Naumann den Satz: »der Blick in die Zukunft (Japans)

[2] Okakura, Tenshin: Cha no hon. (The Book of Tea, 1906). Tokyo: Kodansha, 2011, S. 15-16.

ist etwas trüb geworden« und schließt den Aufsatz mit einem »heiteren Geschichtchen« – so Naumann – über eine vermutlich erfundene Episode. »In den Jahren der Restauration [d.h. der beginnenden Modernisierung; M.M.] hatten sich die Japaner ein hübsches Dampfschiff gekauft. Dasselbe wurde durchweg mit Eingeborenen bemannt, denen in der Kunst der Schifffahrt eine etwas oberflächliche Lection zutheil geworden war. Die Probefahrt wurde angetreten und unter lustig flatternden Wimpeln dampften die kühnen Schiffer stolz hinaus ins weite Meer. Als sie zurückkamen, ergab es sich, daß man wohl wußte, wie die Maschine in Gang zu setzen war, den Kunstgriff des Abstellens aber nicht kannte. So blieb den(n) nichts übrig, als im Hafen von Yokohama im Kreise herum zu fahren, bis die Maschine von selbst aufhörte zu gehen.

Ich hoffe, daß das japanische Staatsschiff vor einem ähnlichen Schicksal bewahrt bleiben möge, vor dem Schicksal nämlich, im Kreise herumfahren zu müssen bis das Feuer ausgeht.«[3]

Dies ist also der Blick eines Europäers auf die Japaner der Meiji-Zeit als »Eingeborene«, die gerade einen Modernisierungsprozess in Gang setzten, der sie dann allerdings nicht im Kreis herumführte, sondern auf ein Entwicklungsniveau, das der Westen seinem eigenen als gleichwertig anerkennen musste. Der Artikel gab den Anlass für die in Japan als »Naumann-Debatte« bekannte Auseinandersetzung zwischen dem deutschen Gelehrten und einem jungen Japaner, Mori Ôgai (1862–1922), der später als der höchste Militärarzt arbeitete, gleichzeitig aber als moderner Klassiker der japanischen Literatur berühmt wurde. Mori Ôgai, der damals in Berlin (bei Robert Koch), Leipzig, Dresden und München studierte, war eine Art Universalgenie, das schon in seiner Kindheit die chinesische Klassik, mit acht Jahren Holländisch und mit zehn Jahren Deutsch lernte und mit 19 Jahren das Medizinstudium an der Universität Tokyo abgeschlossen hat, weil beim Schuleintritt sein Alter um zwei Jahre früher angegeben wurde. Während des Aufenthalts in Deutschland erledigte er tagsüber seine Aufgaben, verfolgte wissenschaftliche Diskussionen der Zeit und besuchte abends eifrig

3 Edmund Naumann: »Land und Leute der japanischen Inselkette«. In: Allgemeine Zeitung. 26.6.1886, Nr. 175, S. 2561-2563; 29.6.1886, Nr. 178, S. 2603-2604.

kulturelle und gesellschaftliche Veranstaltungen; und aus Langeweile hat er literarische Werke übersetzt, z. B. Goethes Faust.

Naumanns Äußerungen mussten den jungen Mori Ôgai, der, wie er schreibt, es »als seine Lebensaufgabe betrachtete, die Fortschritte der europäischen Wissenschaft und Kunst seinem Vaterlande zugänglich zu machen«, »auf das tiefste erbittern« – so seine eigenen Worte. Aber besonders ärgerte sich Mori Ôgai über Folgendes:

Er [Naumann, M.M.] sagt, »daß Japan von aussen erschlossen [worden] ist, und daraus schliesst er, dass die Japaner die Ueberlegenheit der Europäer nicht anerkannt haben, und weil sie sie nicht anerkannt [haben], spricht N.[aumann] ihnen die guten Eigenschaften und die Intelligenz ab.« »O welch eine Willkür!« fügt Ôgai hier in einer für ihn ungewöhnlich emotionalen Weise an und stellt am Ende [seines Aufsatzes] fest: »Wir Japaner wollen uns nicht mit besonders guten Eigenschaften und einer hervorragenden Intelligenz brüsten, aber dazu sind wir intelligent genug, die Civilisation und Cultur Europa's als solche anzuerkennen.«[4]

Ôgai hebt also hervor, dass die Japaner »intelligent genug« seien, die Bedeutung der europäischen Kultur und Zivilisation zu erkennen und anzuerkennen. Und das scheint mir in der Tat der entscheidende Punkt zu sein: Die Japaner haben sich der europäischen Moderne nicht unterworfen, sondern sie haben die westliche Kultur selektiv übernommen und sind einen eigenen Weg der Modernisierung gegangen. Ôgai kritisierte nicht nur Japan wegen seiner Rückständigkeit, sondern sah auch den Westen und die einseitige Verwestlichung Japans sehr kritisch. Modernisierung war für ihn nicht an Verwestlichung gebunden, und für ihn war der Westen auch nicht in jeder Hinsicht überlegen und positiv zu beurteilen. Die Situation Japans zwischen der westlichen Moderne und der eigenen Tradition bestand für Ôgai nicht in einem Entweder-Oder, vielmehr machte ihn sein Deutschlandaufenthalt (1884–1888) offen für beide Seiten, auch für den Wert und sozusagen die Modernität verschiedener Bereiche der japanischen Kultur und Tradition.

Vor 150 Jahren, als die deutsch-japanischen Beziehungen begannen, hatten nationales Bewusstsein und Nationalstaatlichkeit eine andere Be-

4 Rintaro Mori: »Die Wahrheit über Nipon« (sic.). In: Allgemeine Zeitung. 29.12.1886, Nr. 360, S. 5307-5309.

deutung als heute. Beide Länder, Japan und Deutschland, wollten – in einer Zeit des Imperialismus und Kolonialismus – so schnell wie möglich zu starken Industrienationen und Nationalstaaten werden, die als Großmächte anerkannt werden sollten. Für beide ging es um die Herausbildung einer nationalen Identität und dafür brauchte man die Vorstellung einer eigenen und besonderen Kultur. Dies ist ein Kulturverständnis, wie es vor allem im 19. Jh. entstanden ist, und gerade in Deutschland und in Japan hatte Kultur damals eine besondere Bedeutung als Grundlage für die sich herausbildende Nation.

Transkulturelle deutsch-japanische Verbindungen

Man könnte also von einer Nationalkultur in Deutschland und in Japan sprechen. Zu einer modernen Nation gehört nicht nur eine Nationalkultur, sondern auch eine Nationalhymne. Aber diese Hymne kann auch transnational sein, so wie die japanische Nationalhymne Kimigayo, die jetzt wieder bei wichtigen Anlässen gesungen wird. Sie ist aus einer Verbindung deutscher und japanischer Kultur hervorgegangen: Der Text der Hymne stammt zwar aus einem japanischen Gedicht des 10. Jahrhunderts, die Melodie aber wurde 1880 unter Beteiligung des deutschen Musikers Frank Eckert von Japanern komponiert, denn es gab in Japan bis dahin keine Musik im westlichen Sinne. Das hat sich dann schnell geändert.

Die deutsch-japanische Verbindung durch Musik zeigt sich auch in der japanischen Tradition, am Silvesterabend an vielen Orten die Neunte Symphonie von Beethoven aufzuführen. 2018 feierte man das 100-jähige Jubiläum der ersten Aufführung dieser Symphonie in Japan. Es waren deutsche Kriegsgefangene aus der Schlacht von Qingdao im Ersten Weltkrieg, die 1918 die Neunte Symphonie zum ersten Mal in Japan aufgeführt haben. Zwischen 1917 und 1920 waren die etwa 1000 deutschen Gefangenen in einem Gefangenenlager in der Stadt Bandô (Präfektur Tokushima) interniert, konnten sich aber frei bewegen und ihre Aktivitäten in freiem Umgang mit den Einheimischen entwickeln. Als Dank für die freundliche Behandlung haben diese deutschen Soldaten den Bewohnern ihre vielfältige kulturelle, alltägliche und technische Tradition vermittelt, sich mit ihnen ausgetauscht und ein Orchester gegründet, das jede Woche ein Konzert aufführte. So kam es zur ersten Aufführung der Neunten Symphonie, die in Japan zu so etwas wie einer zweiten Nationalhymne geworden ist. Man könnte dies als eine transkulturelle japanische Tradition bezeichnen.

Die Ode an die Freude ist auch die Europahymne. Dass die Neunte Symphonie von Beethoven eine Verbindung zwischen Japan und Europa herstellt, ist ein schöner Gedanke. Es gibt aber in diesem Zusammenhang noch eine andere Verbindung zwischen Japan und Europa: Die »Mutter der Pan-Europa-Idee« war eine Japanerin: Aoyama Mitsuko (1874–1941). Sie heiratete 1892 den Botschafter der K.u.K.-Monarchie in Japan, Heinrich Graf von Coudenhove-Kalergi. Er beherrschte 16 Sprachen, beschäftigte sich mit dem Buddhismus, lebte als Geschäftsträger Österreich-Ungarns im diplomatischen Dienst in Japan und wollte nicht mehr nach Europa zurückkehren. Nach dem Tod seines Vaters musste er aber zurück, um das Erbe der in der Habsburger Zeit wichtigen Adelsfamilie zu übernehmen. Er starb 1906 mit 46 Jahren an einem Herzinfarkt. Mitsuko, von der seine Verwandtschaft erwartet hatte, dass sie nach Japan zurückkehren würde, blieb auf dem böhmischen Familiensitz, übernahm die Verwaltung der Erbschaft und erzog ihre sieben Kinder europäisch. Ihr zweiter, noch in Japan geborener Sohn war Richard von Coudenhove-Kalergi, der nach dem Ende des Ersten Weltkriegs die visionäre Idee von »Pan-Europa« entwickelte, 1924 die Pan-Europa-Union und 1947 die Pan-Europa-Parlamentarier-Union gründete. Als Erinnerung an seine Mutter erzählte er, dass sie täglich wie eine Schülerin Englisch, Deutsch, Französisch, Geschichte und Geographie lernte. Sie erzog ihre sieben Kinder zu gebildeten Europäern, Schriftstellern und Politikern, ohne ein einziges Mal nach Japan zurückzukehren, bis sie 1941 starb. Durch ihren Sohn Richard wurde sie so zur »Mutter der Pan-Europa-Union« und damit auch zu einer Brücke zwischen Japan und Europa. Und es war Coudenhove-Kalergi, der die Neunte Symphonie als Europa-Hymne vorgeschlagen hat.

Zwischen Japan und Deutschland gab es noch einen anderen wichtigen Brückenbauer, den man in Deutschland heute leider kaum kennt; es ist der Unternehmer und Politiker Hoshi Hajime (1873–1951). In den 1920er Jahren erlebte die Zusammenarbeit zwischen Japanern und Deutschen nach der Meiji-Zeit eine zweite Blüte. Damals halfen japanische Mäzene beim Wiederaufbau der deutschen Wissenschaft und Forschung, die nach dem verlorenen Ersten Weltkrieg und durch die hohe Inflation unter einer drückenden finanziellen Lage litt. Hoshi Hajime spendete in der ersten Hälfte der 1920er Jahre aus eigenen Mitteln einen bedeutenden Betrag als Grundstock für den Hoshi-Fonds bei der »Notgemeinschaft der Deutschen Wissenschaft«, aus der die heutige Deutsche Forschungsgemeinschaft hervorging. Der so genannte Japan-Ausschuss, dessen Vorsitzender der Nobelpreisträger Fritz Haber war, verteilte die Gelder an junge deutsche Wissenschaftler. Auch die Nobelpreisträger Max Planck und Otto Hahn gehörten zu den Empfängern. Hoshi, der selbst nie in Deutschland war, hat zwischen 1894 und 1901 in den USA gelebt, an der Columbia Universität studiert und wurde nach seiner Rückkehr nach Japan ein erfolgreicher Unternehmer in der pharmazeutischen Industrie; seine Firma war damals in ganz Asien bekannt. Er war der Meinung, wie er in einem Brief schrieb, dass »unsere japanische Wissenschaft jahrelang der deutschen Wissenschaft vieles zu verdanken [gehabt] hat« und dass »der Auf- und Niedergang der deutschen Wissenschaft mit der Weltkultur im innigsten Zusammenhang steht«. Aus diesem Grunde habe er »nur unserem Dankbarkeitsgefühl bescheidenen Ausdruck geben wollen«.[5] Obwohl sein Pharmazieunternehmen Bankrott machte und er persönlich in große finanzielle Schwierigkeiten geriet, setzte er seine Zuwendungen bis 1925 weiter fort.

Um von Düsseldorf über Deutschland und Europa noch einmal nach Düsseldorf zurückzukommen, soll hier noch eine weitere wichtige Persönlichkeit vorgestellt werden, die heute nur wenige Leute kennen: Es ist Georg Oeder (1846–1931), Ehrenmitglied der Kunstakademie und Ehrenbürger der Stadt Düsseldorf. Der in Aachen geborene Landschaftsmaler der Düsseldorfer Malerschule übersiedelte 1868 nach Düsseldorf und lebte in der Jacobistraße 10. Er war Autodidakt, wurde aber vom preußischen Staat 1893 zum außerordentlichen Professor ernannt. Wegen einer

5 Brief von Hoshi Hajime an Schmidt-Ott vom 20.12.1924. Zit. bei Takashi Oshio: Hoshi Hajime. Japanische Spenden für die deutsche Wissenschaft. In: Kulturvermittler zwischen Japan und Deutschland. Biographische Skizzen aus vier Jahrhunderten. Hrsg. vom Japanischen Kulturinstitut Köln. Frankfurt, New York 1990, S. 198.

schweren Krankheit musste er seine Maltätigkeit aufgeben. Für deutsche Verhältnisse sehr früh, bereits in den 1880er Jahren, begann er, eine hochwertige Japonismus-Sammlung mit zahlreichen japanischen Farbholzschnitten, Handwerksarbeiten und Gegenständen, besonders Keramiken und Schwertstichblättern (tsuba) aufzubauen. Seine Sammlung, die er mit einem sicheren ästhetischen Auge zusammengestellt hatte, wurde nicht nur 1902 in Düsseldorf, sondern auch in Köln, Dresden und an anderen Orten gezeigt und hoch geschätzt. Nach seinem Tod wurde die bedeutende Sammlung leider aufgelöst und ist heute verschollen. Bis auf wenige Werke im Hetjens Museum und in privaten Sammlungen wurden die meisten Werke seiner Sammlung im Zweiten Weltkrieg vom russischen Militär nach Osten abtransportiert. Heute kann man die alten Bestände nur noch in einigen Ausstellungskatalogen finden. Georg Oeder selbst wurde trotz seiner hochwertigen japonistischen Sammlung in seinem Malstil nicht vom Japonismus beeinflusst, wie man an seinen Landschaftsbildern sehen kann. In einem von dem Düsseldorfer Maler Max Volkhart 1896/97 gemalten Porträt Oeders erkennt man dessen Liebe und seine tiefe Verbundenheit mit der japanischen Kunst und dem europäischenJaponismus; im Hintergrund sind japonistische Gegenstände aus Oeders Sammlung wie eine japanische Stellwand, ein Farbholzschnitt von Utagawa Kuniaki u. a. zu sehen. Das Bild ist im Stil des Porträts Emil Zolas von Édouard Manet gemalt, das eine Hommage an seinen Freund Zola ist, der Manets japonistische Malweise verteidigt und ihn ermutigt hatte. Da das Oeder-Porträt in einem ähnlichen Stil des Porträts Emil Zolas von Édouard Manet gemalt; im Hintergrund sind japonistische Gegenstände aus Oeders Sammlung wie eine japanische Stellwand, ein Farbholzschnitt von Utagawa Kuniaki u.a. zu sehen. Manets Porträt war eine Hommage an seinen Freund Zola, der Manets japonistische Malweise verteidigt und ihn ermutigt hatte. Da das Porträt Oeders in einem ähnlichen Stil wie Manets Bild sozusagen als »Zitat« gemalt wurde, zeigen beide, der porträtierte Oeder und auch der Maler Volkhart, mit diesem Bild ihre Anerkennung und Liebe für die japanische Kunst. Oeder konzentrierte sich als einer der in Deutschland sehr frühen Experten japanischer Kunst in erster Linie auf seine Sammlung, aber er hat auch kunsthandwerklich einige Gegenstände im japanischen Stil entworfen wie z. B. seine Ausstellungsschränke, Vasen und Fächer. Dies zeigt nach Claudia Delank, »wie

Oeder mit Hilfe seiner Sammlung japanischen Kunsthandwerks Einfluß auf die Qualität des deutschen Kunsthandwerks um die Jahrhundertwende ausübte«.[6]

Deutsch-japanische Beziehungen heute?

Wie aber steht es heute – so möchte ich abschließend fragen – mit der deutsch-japanischen Zusammenarbeit? Manche sagen, es sei das Problem zwischen Japan und Deutschland, dass es keine Probleme gebe. Die deutsch-japanische Beziehung sei – so hört man oft – wie eine gute alte, in die Jahre gekommene Ehe. Beide verstehen sich gut, haben aber einander nicht mehr viel zu sagen bzw. sie müssen nichts mehr ausdrücklich sagen wie in der alten Ehe in dem berühmten Film: »Die Reise nach Tokyo« des Regisseurs Ozu Yasujirô. Das klingt sehr japanisch harmonisch, aber ist es gut, wenn man sich nichts mehr zu sagen hat?

Auch eine gute alte Ehe sollte nicht nur eine harmonische und vertrauensvolle Beziehung, sondern vor allem eine aktiv gelebte Partnerschaft sein – durch gemeinsames Handeln in gemeinsamen Projekten mit gemeinsamen Zielen auf der Grundlage gemeinsamer Interessen und auch Probleme. Es gibt im Blick auf die nahe Zukunft zwischen Japan und Deutschland auch heute viele solcher Gemeinsamkeiten. Beide haben sich zum Ziel gesetzt, sich zu besonders innovationsfreundlichen Nationen zu entwickeln und Innovationen entstehen vor allem durch Kooperation und Austausch. Dabei sind nicht nur die Gemeinsamkeiten, sondern gerade die Unterschiede in den Denkweisen, in der Kommunikation und der sozialen Interaktion, ja, der Kultur insgesamt produktiv. Wir sollten das transkulturelle Potential unserer Gemeinsamkeiten und Unterschiede viel besser nutzen als bisher.

Die deutsch-japanischen Beziehungen sind also stabil und vielfältig, aber das gegenseitige Interesse scheint heute schwächer zu werden. Das hat sicher auch damit zu tun, dass sich Deutschland zunehmend auf Europa konzentriert und Japan auf den pazifischen Raum, die USA und andere

---

6 Delank, Claudia (1996): »Japanbilder« vom Jugendstil bis zum Bauhaus. Das imaginäre Japan in der Kunst. München: Iudicium, S. 92.

asiatische Länder. Darüber hinaus gewinnt für beide Länder China immer mehr an Bedeutung, im positiven oder in einem negativen Sinn, als Herausforderung und Chance, aber auch als Bedrohung. Seit etwa 10 Jahren wird in deutschen Medien deutlich mehr über China als über Japan berichtet. Ein Artikel in der Rheinischen Post zeigt z. B. die Tendenz, dass das seit den 1990er Jahren wirtschaftlich geschwächte Japan, obwohl es heute noch im GDP-Ranking an dritter Stelle in der Welt steht, noch vor Deutschland, nun für Deutschland weniger interessant ist. Als ich den provozierenden Titel las: »Das Land der untergehenden Sonne«, dachte ich an eine in Japan sehr bekannte Überlieferung über den Regenten Prinz Shôtoku (572–622), der Anfang des 7. Jahrhunderts eine sehr fortschrittliche Politik machte und viele fremdkulturelle Elemente aufnahm, u. a. den Buddhismus. In seiner Zeit begann Japan einen regelmäßigen Austausch mit China. In einem Brief an den Chinesischen Kaiser schrieb Prinz Shôtoku sehr selbstbewusst: »Vom Kaiser des Landes der aufgehenden Sonne an den Kaiser des Landes der untergehenden Sonne«. Darüber hat sich der chinesische Kaiser sehr geärgert, denn für China, das »Kaiserreich der Mitte«, war Japan damals nur ein kleines, unbedeutendes Land.

So wie Prinz Shôtoku könnte man dem Verfasser dieses Artikels antworten: »Aus dem Land der aufgehenden Sonne an seine Kritiker in einem Land der untergehenden Sonne«. Die in dem Artikel genannten Fakten – von der hohen Staatsverschuldung über das zurückgehende Bruttosozialprodukt, zu geringe Zuwanderung, unzureichende Familienpolitik, zu große Einkommensunterschiede zwischen Männern und Frauen, bis hin zu einem problematischen Umgang mit der Weltkriegsvergangenheit und einem Wiedererstarken des Nationalismus – alle diese Fakten mögen richtig sein. Man könnte ihnen allerdings auch eine Reihe von positiven Fakten gegenüberstellen, die aber nicht erwähnt werden. Ein Beispiel nennt der Verfasser des Artikels selbst; er schreibt: »Dass Nippon 3,5 % der Wirtschaftsleistung in Forschung und Entwicklung steckt, mehr als die meisten Industrieländer, macht sich kaum bemerkbar«[7]. Dies könnte sich aber in Zukunft bemerkbar machen!

7 Der Artikel von Martin Kessler mit dem Titel »Das Land der untergehenden Sonne« erschien am 16.4.2015 in der Rheinischen Post, die viel und meist positiv über Japan berichtet.

Gegenseitige Kritik ist wichtig; aber noch wichtiger scheint mir die Zusammenarbeit zwischen Deutschland und Japan zur gemeinsamen Gestaltung der Zukunft zu sein. Eine starke Verbindung zwischen Deutschland in Europa und Japan in Asien ist gerade in der heutigen unsicheren weltpolitischen Situation wichtiger denn je, in der beide Länder gegenüber den USA mehr Eigenständigkeit brauchen und in vielen Ländern der Welt der Nationalismus die Oberhand gewinnt. Von deutschen Diplomaten wird Japan als »Wertepartner in Fernost« bezeichnet. Aber wir haben nicht nur gemeinsame Werte, sondern auch viele gemeinsame Probleme: von der Überalterung der Gesellschaft über nachhaltige Stadtentwicklung und Verbesserung der Infrastruktur bis hin zu neuen Formen der Energieerzeugung. Eine intensive Zusammenarbeit in gemeinsamen Projekten zur Lösung dieser Probleme würde der Bedeutung beider Länder in der heutigen Welt eher gerecht als wechselseitige Abwertung und Gleichgültigkeit.

Aus meiner eigenen Forschungs- und Lehrtätigkeit gewinne ich Zuversicht für eine solche positive Entwicklung der deutsch-japanischen Beziehung, wenn ich auf die jungen Menschen in Deutschland blicke. Man kann bei ihnen seit den 1990er Jahren eine große Begeisterung für die japanische Populärkultur beobachten und damit zusammenhängend auch ein wachsendes Interesse an Japan, seiner Gesellschaft, Kultur und Sprache. Am Institut für Modernes Japan an der Heinrich-Heine-Universität haben wir in den letzten Jahren durchschnittlich ca. 700 Studierende, die das Studienfach Japanologie studieren, um später ihr Wissen und ihre Japan-Kompetenz in die deutsche Gesellschaft weiterzutragen. Aber wir sollten uns auch Gedanken darüber machen, wie wir dieses große Potenzial schon heute nutzen können.

Die großen Fragen und Herausforderungen heute und für die nahe Zukunft richten sich nicht mehr allein an die Politik, die Wirtschaft oder die Zivilgesellschaft: Sie werden ohne die Kultur nicht zu beantworten und zu bewältigen sein. Kultur heißt aber immer: Kulturen in ihrer Inter- und Transkulturalität, in Dialog, Austausch, Zusammenarbeit. Vor allem junge Menschen sollten dabei mit einbezogen werden. Nicht nur Forschung und Wissenschaft, auch Medien, Kunst, Lifestyle und Alltagsleben werden immer internationaler und transkultureller. Aber um eine wirkliche Kommunikation, Dialog und Zusammenarbeit zu ermöglichen, muss man die Menschen, die Gesellschaft und Kultur selbst kennenlernen. Dies kann nicht durch das Internet ersetzt werden.

In NRW bestehen beste Chancen, Japan konkret zu erfahren und in einen Dialog mit Japanern zu treten. Japan ist hier kein fernes Land, sondern in Düsseldorf und in der Umgebung leben viele Japaner. Hier könnten noch viel mehr gelebte Beziehungen und lebendiger Austausch im Alltag stattfinden. Wichtig wäre es, die Bürger und Bürgerinnen zu motivieren und ihr Interesse zu wecken. Dafür bestehen in NRW und Düsseldorf die besten Voraussetzungen.

»Japan und Düsseldorf – eine feste Verbindung mit Zukunftspotential«

Ein Rückblick auf die Podiumsdiskussion »Düsseldorf: Japans Hauptstadt am Rhein« am 17. April 2018 im EKO-Haus der Japanischen Kultur

Ryuta Mizuuchi
(ehem. Generalkonsul von Japan)

Einleitung

Als ich im November 2015 als japanischer Generalkonsul nach Düsseldorf kam, wurde mir zuerst von meinen Mitarbeitern erläutert, dass der Umzug des Generalkonsulats bevorstehe; er sei für Juni 2016 vorgesehen. Der Umzug erfolgte aus zwei Gründen: Zum einen hatte sich das alte, im Jahr 1978 errichtete »Deutsch-Japanische Center« als sanierungsbedürftig erwiesen, zum anderen war der aus Japan entsandte Mitarbeiterstab in den letzten Jahren um 18 Prozent reduziert worden.

Bei der Besichtigung der neuen Büroräume in der Breiten Straße stellte ich fest, dass mein künftiges Arbeitszimmer an den Innenhof einer Schule grenzt. Als ich dies meiner Frau berichtete, bekam ich spontan die Antwort, dass es sich dabei um »ihr Gymnasium« handele, denn sie habe eben dieses Luisen-Gymnasium besucht, als sie als Tochter eines japanischen Geschäftsführers in den 1960er Jahren bis 1972 – also in der Gründungsphase der japanischen Community – ihre Kindheit in Düsseldorf verbrachte.

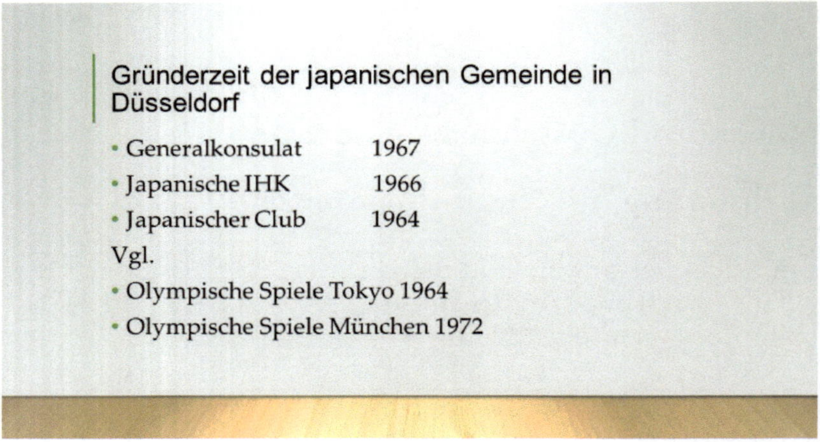

Parallel zum Umzug des Generalkonsulats fanden im Juni 2016 die Feierlichkeiten anlässlich des 50-jährigen Bestehens der Japanischen IHK zu Düsseldorf statt. Ein Jahr später beging das Generalkonsulat ebenfalls seinen 50. Geburtstag, das 1965 als Konsulat eröffnet und 1967 zum Generalkonsulat erhoben worden war.

Schon diese Episoden beleuchten, dass die Landeshauptstadt vielfältig mit Japan verflochten ist und diese Beziehungen im Laufe der Zeit einen tiefgreifenden Wandel erlebt haben. Ein halbes Jahrhundert ist ein Zeitraum, in dem sich vieles entwickelt hat.

Japans Wirtschaft und die japanische Community

Nach dem Zweiten Weltkrieg entwickelte sich Düsseldorf zum Zentrum der japanischen Businessaktivitäten in Europa. Zwar gab es im Laufe der Geschichte Auf- und Abwärtstrends. Doch im Großen und Ganzen bewährte sich die Auswahl des Standortes. Heute ist Düsseldorf in absoluten Zahlen die drittgrößte, hinsichtlich der Bevölkerungsdichte jedoch die größte japanische Community in Europa.[1]

Japaner im Vergleich (2016)

	Japaner	Bevölkerung	Intensität
London (Großraum)	35,007	8,787,892	0.40%
Paris	15,629	2,206,488	0.71%
Düsseldorf	7,391	635,704	1.16%

Seit meiner Ankunft in Düsseldorf habe ich immer stärker gespürt, dass die japanische Wirtschaft die Bedeutung Düsseldorfs für den europäischen Markt erkennt, wie die folgenden Zahlen verdeutlichen.

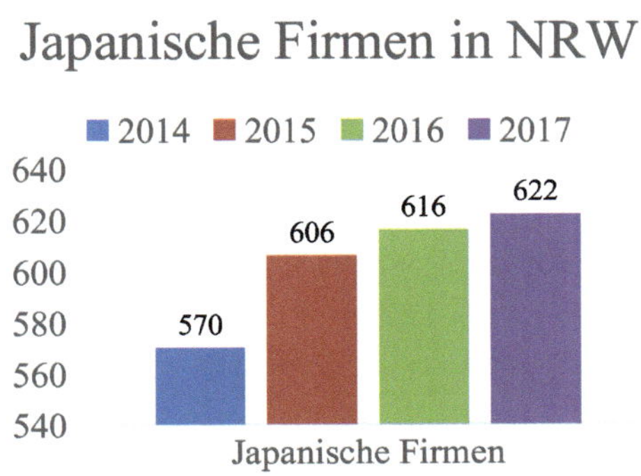

[1] Statistik der in Übersee lebenden Japaner 2017, Außenministerium von Japan, sowie https://www.citypopulation.de/

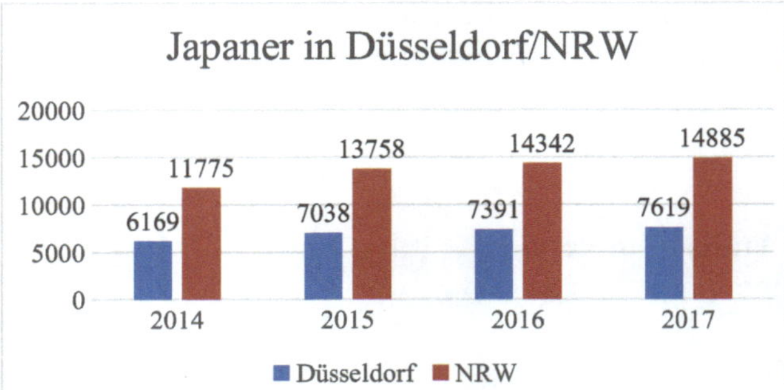

Dass die Zahl der hier ansässigen Japaner wächst, hängt jedoch nicht nur mit der Bedeutung Düsseldorfs zusammen. Vielmehr liegt es auch daran, dass die japanische Wirtschaft, die unter den sogenannten »verlorenen zwei Jahrzehnten« sehr gelitten hat, mittlerweile sehr stabil ist und dazu tendiert, nach außen zu schauen.

Denn im Gegensatz dazu, wie Japan generell wahrgenommen und vor allem in den deutschen Medien dargestellt wird, verzeichnet Japans Wirtschaft eine zwar bescheidene, aber stetige Zuwachsrate. Dies bedeutet, dass sich die japanische Konjunktur in einer lang anhaltenden Erholungsphase befindet – und zwar kontinuierlich seit sieben Jahren.

Japanische Community heute

Wie sich die japanische Community inzwischen verändert hat, zeigt die untenstehende Grafik, die auf statistischen Angaben unserer Konsularabteilung basiert. Es handelt sich dabei um die Zahl der japanischen Mitbürgerinnen und Mitbürger in NRW, die sich 2017 beim Generalkonsulat angemeldet haben. Wer sich länger als drei Monate im Ausland aufhält, dem wird empfohlen, sich bei der für seinen Wohnsitz zuständigen Botschaft bzw. dem Generalkonsulat anzumelden.

Auf den ersten Blick fällt auf, dass Geschäftsleute und ihre Familien heute knapp die Hälfte der japanischen Bevölkerung in NRW ausmachen. Der Anteil der dauerhaft in NRW ansässigen Japaner hingegen beträgt ungefähr ein Viertel. Die Geschäftsleute werden als »Expats« (Expatriots) bezeichnet; in der Regel bleiben sie drei bis fünf Jahre an einem Ort und

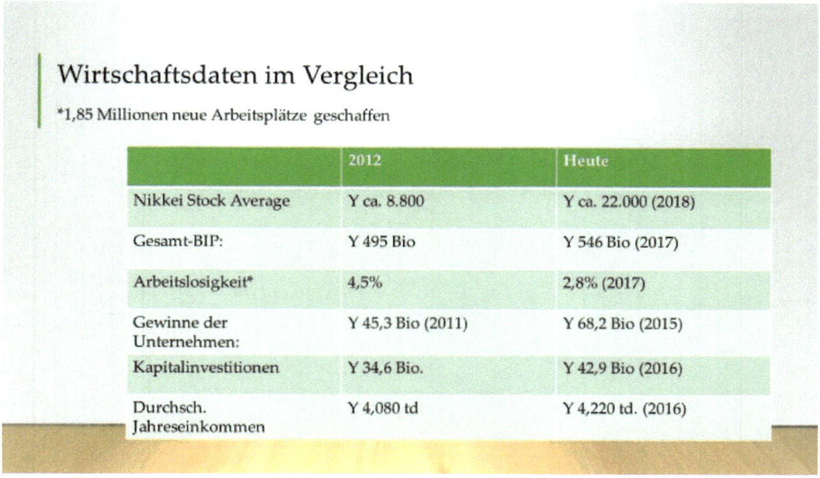

	2012	Heute
Nikkei Stock Average	Y ca. 8.800	Y ca. 22.000 (2018)
Gesamt-BIP:	Y 495 Bio	Y 546 Bio (2017)
Arbeitslosigkeit*	4,5%	2,8% (2017)
Gewinne der Unternehmen:	Y 45,3 Bio (2011)	Y 68,2 Bio (2015)
Kapitalinvestitionen	Y 34,6 Bio.	Y 42,9 Bio (2016)
Durchsch. Jahreseinkommen	Y 4,080 td	Y 4,220 td. (2016)

kehren danach entweder nach Japan zurück oder werden woandershin entsandt. Die »sonstigen« Anmeldungen stammen von Japanern, die sich zwar länger als drei Monate, aber kürzer als ein Jahr in NRW aufhalten – aus geschäftlichen bzw. dienstlichen, akademischen oder sonstigen Gründen.

Es ist davon auszugehen, dass in der Gründungsphase der Community die japanische Bevölkerung ausschließlich aus Geschäftsleuten und ihren Familien bestand. Im Laufe der Zeit ist die Zahl der japanischen Bevölkerung um mehr als das Zehnfache angewachsen, zugleich wurde die Community facettenreicher und vielfältiger. Dazu trugen diejenigen Japanerinnen und Japaner bei, die entschieden, sich für immer in NRW anzusiedeln – meist aus privaten Gründen, etwa einer Heirat. Wobei anzumerken ist, dass die interkulturellen Beziehungen mittlerweile vielfältig geworden sind. Welches Bild von Japan bzw. den Japanern man gewinnt, das hängt zweifellos davon ab, mit wem man es überwiegend zu tun hat und in welchem Kreis man den Austausch sucht.

Japanbezogene Infrastruktur in NRW

Was Düsseldorf als Japan-Standort auszeichnet und von anderen Städten mit japanischem Bevölkerungsanteil bundes- und europaweit unterschei-

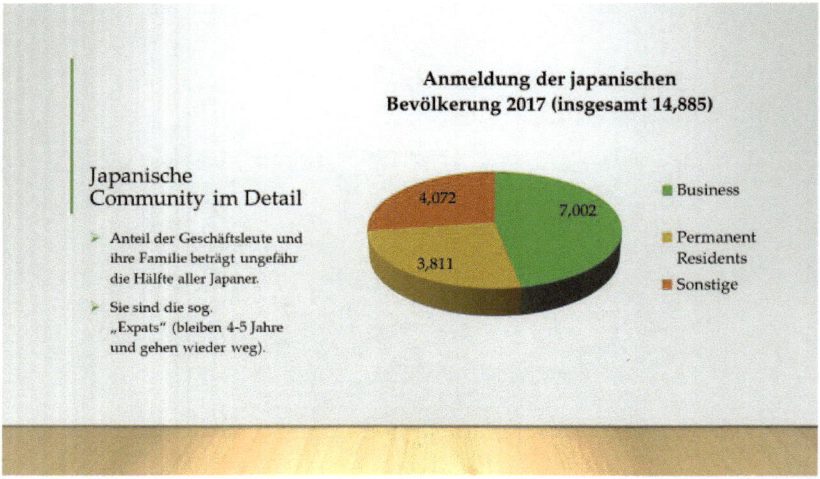

det, ist die Tatsache, dass in NRW vielfältige japanische Institutionen aus öffentlicher und privater Hand vertreten sind.

Das reiche Angebot an Veranstaltungen dieser japanischen Institutionen, ihre enge Vernetzung sowie die authentische japanische Küche wirken wie ein Magnet auf Japaner, die in anderen Bundesländern oder europäischen Nachbarländern leben oder touristisch unterwegs sind, sodass z. B. die Zahl der Japaner in Düsseldorf am Wochenende um einiges höher sein dürfte als unter der Woche.

Auf deutscher Seite gibt es in NRW ebenfalls recht unterschiedliche Akteure, die sich mit Japan beschäftigen und für die Förderung des Austausches zwischen Japanern und Deutschen einsetzen. Diese japanischen und deutschen Akteure sorgen – einzeln oder gemeinsam – dafür, dass japanbezogene Veranstaltungen im Event-Kalender das ganze Jahr über nicht fehlen. Aus diesem Grunde ist das Niveau der Japan-Kenntnisse der hiesigen Deutschen, meiner Erfahrung nach, ausgesprochen hoch. In der Vielfalt, Intensität und Qualität an japanbezogenem Wissen und Interesse an Japan nimmt NRW innerhalb Deutschlands eine herausragende Position ein.

Dies bedeutet jedoch nicht, dass Japan und sein kultureller Hintergrund umfassend und bis ins Detail verstanden werden. Bei einem Empfang etwa, den ich im Garten meiner Residenz in Erkrath gab, habe ich eine

Öffentliche Institutionen
- Japanisches Generalkonsulat
- Japanisches Kulturinstitut Köln
- JETRO Düsseldorf

Community-Organisationen
- Japanischer Club
- Japanische Industrie- und Handelskammer
- Japanische Internationale Schule

Japanische Kulturstätten
- EKO-Haus der Japanischen Kultur
- Tenri Japanisch-Deutsche Kulturwerkstatt Köln

Einzelne Unternehmen

Gastronomie

Privatpersonen

Japanische Einkaufmeile in Düsseldorf

»Tee-Zeremonie im Freien« (»Nodate« genannt) organisiert. Es war höchst interessant zu beobachten, wie verlegen die deutschen Teilnehmer die von der Tee-Meisterin vorbereiteten Teeschale in die Hand nahmen und versuchten, neugierig, doch wie in Zeitlupe den Tee zu trinken. Einer kommentierte später, ihm sei der Geschmack irgendwie vertraut, denn der Tee schmecke ähnlich wie Matcha-Eis. Daraufhin musste ich ihm erklären, dass die gemahlenen Tee-Blätter für die Tee-Zeremonie Matcha heißen und mittlerweile auch bei der Herstellung von Speiseeis als Zutaten verwendet werden. Dies zeigt deutlich, wie wichtig und notwendig es ist, sich gegenseitig näher kennenzulernen und mehr miteinander auszutauschen.

Japanbezogene Institutionen

Japan-Tag e.V.
Studienwerk für Deutsch-Japanischen Kulturaustausch in NRW e.V.
Stiftung »Studienfonds Düsseldorf – Japan« der Stadt Düsseldorf
Universitäten (Japanologie, sonstige Fächer)
Museen und andere Kulturinstitutionen
Gymnasien mit Japanischunterricht

Japan-Fans

Deutsch-Japanische Gesellschaften
Cosplayer
Einzelne Vereine (Judo, Karate, Kimono usw.)

Einzelpersonen

Messe

Aktivitäten von Unternehmen

Japanische Unternehmen engagieren sich tatkräftig für einen regen Austausch, denn sie sind sich ihrer gesellschaftlichen Verantwortung sehr bewusst und kümmern sich um Integration und gegenseitiges Verständnis. Ich hatte Gelegenheit, an Jubiläumsveranstaltungen oder Sportaktivitäten verschiedener Firmen teilzunehmen. Manche werden nur für ihre Mitarbeiter veranstaltet und sind nicht unbedingt der Öffentlichkeit zugänglich. Andere hingegen involvieren Politiker oder Vertreter der Gemeinde, worüber in den Medien berichtet wird.

Der »changes.Award« von Mitsubishi Electric bietet sogar Schülerinnen und Schülern aus Ratingen und Düsseldorf die Möglichkeit, gemeinsam mit erfahrenen Technikern des Betriebs die Anwendung moderner Technologien kennenzulernen. Die Preisverleihung bei diesem Wettbewerb findet im Rahmen eines Bürgerfestes statt; so wird diese Veranstaltung als gemeinsames Projekt der Firma und der Bürger der Stadt wahrgenommen. Die Preisträger werden mit einer Reise nach Japan be-

lohnt, d. h. jährlich können viele junge, künftige Ingenieure aus NRW Japan näher kennenlernen.

Düsseldorf als Messe-Standort ist nicht nur eine wichtige Plattform für einzelne Business-Deals, sondern auch für die Förderung des Kulturaustauschs. Denn insbesondere mittelständische Firmen aus Japan werden mehr und mehr ermutigt, durch Messebesuche oder Beteiligung als Aussteller ein Netzwerk in Deutschland und Europa aufzubauen. Das Gegenteil ist auch der Fall, wenn sich Firmen aus NRW als Aussteller bei Messen in Japan präsentieren. So könnten die »Hidden Champions« aus beiden Ländern ihre Partner leichter finden. Das im Februar 2019 in Kraft getretene Abkommen JEEPA (Japan-EU Economic Partnership Agreement) verstärkt sicherlich diesen Trend in beide Richtungen.

Messegeschäfte

Der Austausch wird aber auch im täglichen Leben durch einzelne Mitbürgerinnen und Mitbürger gelebt und in vielfältiger Weise sehr persönlich gepflegt – vielleicht sogar unbewusst. Ich habe von vielen Deutschen gehört, sie hätten gute nachbarschaftliche Beziehungen zu japanischen

Familien, aus denen das Image von Japan bzw. Japanern später entsteht. Eine Fotografin, die ich kenne, hat die Szene der japanischen Präsenz in Oberkassel zum Motiv gemacht und die Bilder im Landtag ausgestellt. Meine Frau hatte nach ihrer Rückkehr nach Japan lange, familiäre Beziehungen zu dem Ehepaar, von dem ihre Familie die Wohnung gemietet hatte. Sie nannte den Ehemann ihren deutschen Vater und seine Frau ihre deutsche Mutter.

Kritische Bewertung der Lage

Bislang habe ich versucht darzulegen, wie die japanische Community in Düsseldorf Kontakte mit Deutschen pflegt und der Austausch zwischen beiden Kulturen funktioniert. Insgesamt bin ich sehr erfreut, sagen zu können, dass in Düsseldorf tatsächlich ein reger Austausch stattfindet und eine Win-Win-Situation für Japan und Deutschland hier am Rhein deutlich vorhanden ist. Mikroskopisch betrachtet, gibt es aber hüben und drüben Nachholbedarf, den es zu korrigieren gilt, z. B.:

1. Übermäßige Japan-Konzentration in Düsseldorf. Zwar spielt Düsseldorf für Japans Wirtschaft immer eine wichtige Rolle, aber dafür könnte das bevölkerungsreichste und wirtschaftlich stärkste Bundesland Nordrhein-Westfalen insgesamt stärker berücksichtigt werden. In dieser Hinsicht ist die Partnerschaft zwischen NRW und der Präfektur Fukushima seit sieben Jahren von großer Bedeutung, da man nun japanischerseits das geografische Spektrum der Zusammenarbeit in NRW erweitern konnte. Meine Aktivitäten als Generalkonsul haben sich dementsprechend verändert, ohne dass Düsseldorf an Bedeutung verloren hätte.
2. Fehlendes Interesse am politischen Austausch. Dies ist u. a. auf die Verlegung der Bundeshauptstadt von Bonn nach Berlin zurückzuführen; allerdings war Japan – ganz im Gegensatz zur wirtschaftlichen Aktivität – auf der politischen Ebene in Düsseldorf kaum präsent. Anlässlich des G20 Außenminister-Treffens im Februar 2017 machte der amtierende japanische Außenminister Fumio Kishida einen Zwischenstopp in Düsseldorf und kam mit der damaligen Ministerpräsidentin Hannelore Kraft zusammen. Bezeichnend für die politische Lage ist,

dass dies der erste Besuch eines japanischen Außenministers in NRW seit fast 20 Jahren war. Im Landtag gab es auch mehrere Parlamentariergruppen, die sich mit befreundeten Ländern beschäftigten. Japan zählte leider nicht dazu. Dies änderte sich, nachdem ich mit Vertretern der politischen Parteien im Landtag darüber sprach und zunehmend Sympathien für Japan begegnete. Dank des Einsatzes der Landtags-Vizepräsidentin, Frau Angela Freimuth – und der Unterstützung vieler Landtagsabgeordneter – wurde erfreulicherweise eine Parlamentariergruppe für Japan im Landtag gegründet, kurz bevor ich beruflich bedingt Düsseldorf verlassen musste.

3. Partnerschaften auf kommunaler Ebene sind ein sehr effektives Mittel, um den Austausch zwischen Bürgerinnen und Bürgern zu fördern und gegenseitiges Interesse nachhaltig zu wecken. In der Vergangenheit gab es aber nur zwei offizielle Städtepartnerschaften zwischen Japan und NRW. Im Moment ist zudem ein neuer Trend zu verzeichnen: Essen und Koriyama der Präfektur Fukushima sowie Willich und Marugame der Präfektur Kagawa begannen, freundschaftliche Kontakte aufzunehmen und sie weiter auszubauen – Versuche, die durchaus ein großes Potential besitzen, sodass sich diese Kontakte später zu einer vollen Partnerschaft entwickeln werden.

Ich konnte beobachten, wie die Jugendlichen dabei als kompetente Träger des Kulturaustausches fungieren. Die Schülerinnen und Schüler des Städtischen Meerbusch-Gymnasiums haben in der Rheinischen Post einen aufregenden Reisebericht über ihre Erfahrungen in der Partnerstadt Shijonawate geschrieben, der qualitativ fast alle Japan-Artikel von Profi-Korrespondenten aus Deutschland übertraf – zumindest, was die Szene der jüngeren Generation in Japan betrifft. Eine Schülergruppe der Fujii-Gakuen-Schule aus Marugame machte ebenfalls unvergessliche Erfahrungen im Austausch mit dem St. Bernhard-Gymnasium in Willich – Erfahrungen, die möglicherweise das Leben der Betroffenen lange begleiten werden.

Die Beziehungen zwischen Düsseldorf und der Präfektur Chiba sind bislang nur auf der Ebene der »Freundschaft« geblieben, trotz der recht intensiven Austauschprogramme. Ich konnte eine Zeitlang nur schwer begreifen, warum man anscheinend nicht an einer intensiveren Form der Partnerschaft interessiert war. Mit einem kleinen Anstoß für beide Seiten sieht es heute aber so aus: Nach allgemeiner Überzeugung sind diese Beziehungen zu einer echten Partnerschaft geworden. Im Rahmen einer »Partnerschaft« ist es üblich, ein entsprechendes Hinweisschild an der Stadtgrenze aufzustellen. Da ich jeden Tag zwischen meinem Büro in Düsseldorf und meiner Residenz in Erkrath pendelte, war es mein Traum, an einem solchen Schild mit Namen und Wappen der Stadt Chiba vorbeizufahren zu können. Hoffentlich wird es bald so weit sein.

4. Lassen Sie mich auch über den Japan-Tag schreiben. Es besteht kein Zweifel, dass der Japan-Tag mittlerweile zu einem der wichtigsten Volksfeste am Rhein geworden ist. Doch beim ersten Japan-Tag 2016 habe ich den Eindruck gewonnen, dass sich der Japan-Tag möglicherweise an einem Wendepunkt befindet. Die enorme Zahl von über 600.000 Besuchern spricht zwar für die Anziehungskraft und den Charme des Events, aber gerade dieses Ausmaß hat mir Sorgen gemacht. Die chaotischen Verhältnisse auf der Straße und die sonstigen Probleme einer solchen Großveranstaltung haben für viel und sicher auch berechtigte Kritik gesorgt.

Auch die Veranstalter, einschließlich der ehrenamtlichen Mitarbeiter des Japanischen Clubs, fühlten sich durch den aufkommenden Druck zunehmend überfordert und durch die sich verschlechternde Sicherheitslage in Zugzwang. Das betraf auch das Japanische Generalkonsulat, das fast alle Ressourcen im Jahr für das Management des Japan-Tags einsetzen musste. Die Befürworter der traditionellen Kulturgüter Japans bemängelten überdies, der Japan-Tag sei fast vollständig von Cosplayern erobert worden und von der authentischen Tradition und Kultur Japans weit entfernt.

Insgesamt ist sicherlich eine Situation eingetreten, in der man einerseits ganz zufrieden, andererseits irgendwie beunruhigt war. Auch stellte sich die Frage – und zwar zu Recht – ob der Japan-Tag noch als Begegnungsfest gelte. Denn in dieser Lage, in der sich die Besucher nicht einmal mehr frei bewegen konnten, war auch kaum mehr Platz vorhanden, an dem der Austausch stattfinden und die Kulturen einander begegnen konnten.

Vor diese Herausforderung gestellt, hat man sich nach und nach dafür eingesetzt, die Arbeitsweise und vor allem das Management zu verbessern. Der Sicherheits- und Lageplan wurde besucherfreundlicher geplant und erarbeitet, die Organisationsstruktur optimiert und effizienter gemacht. Für all das bin ich allen Beteiligten, insbesondere Herrn Oberbürgermeister Thomas Geisel und seinen Mitarbeitern für ihr Verständnis und ihren Einsatz sehr dankbar.

Wichtig bei dieser Bestrebung für mich war, dass der Japan-Tag von japanischen Mitbürgerinnen und Mitbürgern nachhaltig unterstützt und getragen wird, ebenso wie von allen Einheimischen geschätzt und geliebt. Schließlich ist der Japan-Tag heute wie künftig ein unersetzbares, gemeinsames Kulturgut, das Japaner und Deutsche Hand in Hand ins Leben gerufen und um das sie sich bislang mit Herz und Seele gekümmert haben.

Die Antwort auf die Frage, ob traditionelle Kultur und Jugendkultur friedlich miteinander leben können, habe ich in einem Café gefunden, in dem ich Zuflucht vor dem Gedränge des Japan-Tags gesucht hatte. Dort bin ich einer Familie aus Köln – Mutter mit zwei Töchtern – begegnet. Ich habe die Mutter gefragt, warum sie zum Japan-Tag gekommen seien. Woraufhin sie antwortete: Ihre zwei Töchter wollten unbedingt zum Japan-Tag kommen, weil sie sich für Japan begeisterten. Die jüngere lerne sogar fleißig Japanisch im Gymnasium und möchte gern später an der Uni Japanologie studieren. Beide wollten sich der Cosplay-Szene anschließen. Die Kostüme hat übrigens die arme Mutter selber nähen müssen.

Seit dieser Begegnung bin ich nun fest davon überzeugt, dass die Jugend- bzw. Popkultur auch zum Japan-Tag gehört. Mittlerweile gibt es Initiativen, die versuchen, den generationsüberschreitenden Austausch zu fördern. Dass sich nun die »DoKomi«, die größte Japan-Convention im Rheinland, und der »Take-no-Kai« e.V., Vertreterin »ehemaliger Jugendlicher«, dafür einsetzen, freut mich außerordentlich.

Weitere Anstöße für ein besseres Verständnis und einen lebhafteren Austausch

Zur Popkultur bekenne ich mich nicht nur wegen des Japan-Tages, sondern auch weil praktisch alles, was zur Tradition und Kultur Japans gehört, in Anime und Manga vertreten ist. Anime z. B. sind oft eine hybride Mischung aus Realität und Surrealismus, die die Japaner über Generationen hinweg stets thematisiert haben. Nehmen wir den Anime »Kimino Na-ha?« (dt. »Your Name. – gestern, heute und für immer«) als Beispiel. Es handelt sich dabei um eine romantische Story über einen City-Boy und ein Mädchen aus der Provinz; das Mädchen ist Enkelin einer Priesterin eines Shinto-Schreins – ein klassischer Kontrast zwischen Moderne und Tradition. Eines Tages taucht er in ihren Körper und sie in seinen ein – ein typisches Motiv der japanischen Literatur der Klassik oder von Filmen der Moderne, dessen Ursprung man auf die Hofliteratur der Heian-Zeit zurückverfolgen kann. Diese Geschichte spielt in einer fiktiven Zeit, in der ein Komet auf die Erde fällt und ein Dorf dadurch vernichtet – wahrscheinlich in Anspielung auf das Große Erdbeben von 2011, vielleicht aber auch auf die japanische Weltallforschung mit der Asteroiden-Sonde »Hayabusa«, die ein Jahr zuvor auf dem Weg vom Asteroid Itokawa zur Erde zurückgekehrt ist.

Hier bietet sich eine Vielfalt an Themen, die man aus reiner Neugier heraus erforschen kann. Kein Wunder also, dass es unzählige »Heiligtümer« der Popkultur gibt, zu denen viele Anime- und Manga-Fans aus der ganzen Welt pilgern, einschließlich des vermeintlichen Dorfes »Your Name«. Die heutigen Jugendlichen verfügen über eine enorme Daten-Basis im Internet. Und ich frage mich, ob nicht auch die Japan-Studien an akademischen Institutionen auf diese Weise weiter vertieft und vervielfältigt werden können – angefangen von der klassischen Literatur und Filmkunst über die Religion und Wissenschaft bis hin zur sozialwissenschaftlichen Forschung über das Verhalten der Menschen bei Katastrophen.

Last but not least – möchte ich gern den Tourismus ansprechen, der für unsere beiden Länder künftig von Bedeutung sein kann:

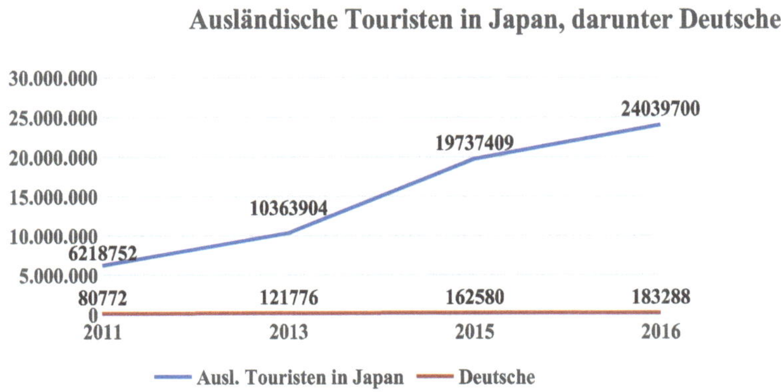

Diese Statistik[2] weist eine betrübliche Tatsache auf: Sie lässt nämlich erkennen, dass der »Reise-Weltmeister« Deutschland in Japan nur in der zweiten Liga spielt – weit unter seinem eigentlichen Potential. Obwohl die Zahl der deutschen Touristen in Japan im Zeitraum 2011–2016 um mehr als das Zweifache gestiegen ist, hat sich die Schere zur gesamten ausländischen Touristenzahl deutlich vergrößert. Oder andersherum: Im Gegensatz zur aktuellen Wahrnehmung von Düsseldorf als Japan-Zentrum und »Kleines Tokyo am Rhein« wissen die meisten Japaner kaum etwas über Düsseldorf. Es ist der Name für eine Stadt, in der viele Japaner wohnen. Mehr nicht. Über das schöne Bundesland NRW wissen die Japaner noch weniger.

Nach Japan zurückgekehrt, habe ich heute den Eindruck, dass sich NRW und Düsseldorf recht viel Mühe geben, in Japan für sich zu werben – vertreten durch die NRW Japan AG und die Messe Düsseldorf. Sie sind tatsächlich überall zu finden, etwa bei verschiedenen Messen. Einzelne Personen aus NRW sind auch in Bundesinstitutionen gut vertreten. Aber trotzdem: Das Bild der Japaner von Deutschland ist meist von der blau-weißen Flagge bestimmt. Warum? Weil es überall in Japan das Oktoberfest gibt – und zwar unabhängig von der Jahreszeit.

2 Quelle: JNTO (Japan National Tourism Office), 2017.

Bisher hat man sich in NRW wohl überwiegend mit Investitionen und Messe-Ausstellungen aus Japan beschäftigt – aus historischen Gründen. Das hat sich auch gelohnt. Aber wie das neue JEEPA andeutet, geht es heute nicht mehr nur um »Freihandel«, sondern um »Economic Partnership« insgesamt. Dies schließt industrieorientierte Entwicklung und Forschung, Tourismus, wahrscheinlich aber auch Promotion der Wissenschaft und Kultur ein, sofern sie der wirtschaftlichen Zusammenarbeit und dem gegenseitigen intellektuellen Austausch dienen. Die Esskultur kann ebenfalls eine große Rolle spielen, denn Liebe kann sicherlich durch den Magen gehen – wie die Bayern dies beweisen. Mein Fazit lautet daher: Ist es nicht an der Zeit, das Konzept von den wirtschaftlich geprägten Japan-NRW/Düsseldorf-Beziehungen ein wenig in diese Richtung zu erweitern? Denn schließlich ist es jeder einzelne, der zum Austausch und zur Begegnung beiträgt und unsere Beziehungen bereichert.

Warum eigentlich Düsseldorf?
Studierende aus Okinawa an der HHU

Till Weber
(Ryukyu-Universität Okinawa)

Düsseldorf und Okinawa

»Natürlich, Düsseldorf hat doch diese große Zahl an japanischen Bewohnern und Unternehmen, spricht man nicht auch von »Klein-Tokyo«? Das ist sicher der Grund für Ihre Unipartnerschaft gewesen.« – Nein, das war er nicht, auch wenn ich die Vermutung so oder so ähnlich formuliert schon oft zu hören bekam. Okinawa – das ist die südlichste und einzige subtropische Präfektur des Landes, dessen Hauptstadt und Metropole das 1800 km entfernte Tokyo ist. Zwischen beiden bestehen gewaltige Unterschiede auf nahezu jedem Feld, sei es bei Geschichte, Politik, Wirtschaft, Gesellschaft, Religion, Mentalitäten, ja sogar in sprachlicher Hinsicht. Okinawa besteht aus rund 150 Inseln im Pazifik, mit dem Fremdenverkehr als Wirtschaftsfaktor Nummer eins und der Landwirtschaft ebenfalls auf den vorderen Plätzen sowie einer Bevölkerung, deren Berufsziel es zu einem großen Teil ist, irgendwo eine Stelle im öffentlichen Dienst zu ergattern. Tokyo bündelt dagegen die Zentralen von nahezu allem und jedem, was in Japan wichtig ist. Zahllose Großunternehmen und Oberbehörden bieten vielfältige Möglichkeiten, ein gutes Auskommen zu finden. Insofern ist Düsseldorf eher mit Tokyo als mit Okinawa zu vergleichen, und die Studierenden der Ryukyu-Universität erleben Düsseldorf als moderne Großstadt mit internationaler Vielfalt, einem leistungsfähigen öffentlichen Nahverkehr und einer Universität, die fast viermal so viele Studierende hat wie die ihre.

Ich spreche natürlich von der Heinrich-Heine-Universität und der Ryukyu-Universität in Nishihara, knapp 10 km nördlich der Präfekturhauptstadt Naha in Okinawa gelegen.

Wie kam es zu dieser reizvollen, wenn auch durch viele Unterschiede charakterisierten Partnerschaft?

Facetten der Partnerschaft

Sie begann im Mai 2000 mit der Ankunft unseres ersten Praktikanten im Fach Deutsch als Fremdsprache hier in Okinawa. Der junge Mann kam aus dem Studiengebiet Deutsch als Fremdsprache der Philosophischen Fakultät der HHU und schlug voll ein. Schnell entstand im Gespräch mit seinem Mentor, Dr. Peter Hachenberg, der Wunsch, diesen Austausch auszubauen und im Rahmen eines Abkommens abzusichern. Dieses erste Fakultätsabkommen von 2001 führte dazu, dass seitdem nahezu jedes Semester ein DaF-Studierender zu uns kommt, also schon mehr als 30 Personen, was einen immensen gegenseitigen Nutzen bringt. Der Austausch breitete sich schnell aus, indem pro Richtung auch ein Studierender der Japanologie bzw. der Germanistik für jeweils ein Studienjahr ausgetauscht wurde. Dank der herausragenden Verhandlungsführung der Düsseldorfer Japanologin Prof. Dr. Michiko Mae in Okinawa schnellte diese Zahl ab 2006 auf bis zu fünf Studierende pro Jahr und Fachrichtung in die Höhe. Zehn einjährig Ausgetauschte pro Jahrgang – das ist ein traumhaftes Angebot an die jungen Leute unserer beiden Universitäten. Dazu kamen einzelne Teilnehmer am Sommerkurs, der Austausch von Lehrenden über einige Monate oder ganze Semester sowie die wissenschaftliche Zusammenarbeit u.a. im Rahmen von Tagungen.

Wegen ihres großen Erfolges wurde unsere Partnerschaft 2017 vom Fakultäts- auf das Universitätsniveau angehoben, wodurch nun Studierenden aller Fächer der Schritt bzw. der Flug einmal über Sibirien hinweg an die Partneruni ermöglicht wird (Einjahresaustausch und Sommerkurse). Ohne vollständige Zahlen vorliegen zu haben, gehe ich von mehr als 300 Personen aus, die von 2000 bis 2019 an der Mobilität zwischen unseren Universitäten teilgenommen haben, und zwar relativ gleich verteilt auf beide Seiten, vom Teilnehmer am Grund- bzw. BA-Studium bis hin zum o. Professor. Ende 2019 soll das europäische »Campus Office« der Ryukyu-Universität seine Arbeit aufnehmen – natürlich wird es in Düsseldorf angesiedelt sein.

Der zahlenmäßig bedeutendste Teil unseres Austauschs ist aber noch unerwähnt geblieben. Die sprachlich-kulturwissenschaftlichen Fächer an der Ryukyu-Universität betreiben ein Kaigai bunka kenshu-Programm, also Studienreisen außerhalb von Japan, quasi zum Hineinschnuppern in die fremde Kultur einschließlich einer zweiwöchigen Erfahrung an der Partneruniversität und Aufenthalt in deren Stadt und Region. Die deutsche Studienreise führt uns mit 12 bis 25 Teilnehmenden (Schwankungen haben u.a. mit dem Euro-Yen-Kurs zu tun) jeden zweiten Sommer für zwei Wochen nach Düsseldorf, woran sich noch zehn Tage einer regionalen Rundreise und vier Tage einer von den Studierenden selbst geplanten Reise anschließen. Der sommerliche Sprachkurs führt die Teilnehmenden täglich auf den Campus der HHU in Düsseldorfs Süden und sie wohnen mitten in der Stadt.

Studierende aus Okinawa an der Heinrich-Heine-Universität

Im Gegensatz zu vielen anderen Ländern ist der Wunsch junger Menschen, im Ausland zu studieren, in Japan seit Jahren rückläufig.[1] Schon immer von den Mentalitäten einer Inselnation geprägt, gibt es einen verstärkten Trend, lieber zu Hause zu bleiben, als sich auf Wagnisse in fremden Ländern einzulassen. Das hat einige handfeste Gründe wie die

---

1 Vgl. die Daten des japanischen Ministeriums für Bildung, Kultur, Sport, Wissenschaft und Technologie (MEXT): http://www.mext.go.jp/en/news/topics/detail/__icsFiles/afieldfile/2015/05/08/1357495_01.pdf (Abruf am 16.10.2019).

Schwierigkeit, ein Auslandsstudium mit der Jobsuche in Japan zu verbinden wie auch die unzureichend ausgebildete Stipendienlandschaft im Land. Es gibt aber auch mentale Hürden: Werden meine Sprachkenntnisse ausreichen? Kann ich mich dort sicher fühlen? Und bei Okinawanern sogar: Ist es in Deutschland nicht viel zu kalt? Ich hatte schon mehr als eine besorgte Studierendenmutter in meinem Büro zu Gast zu einem Beruhigungsgespräch. Viel weniger »riskant« ist es dagegen, als Studierender an einer der alle zwei Jahre (also zweimal im Laufe des bei uns üblichen BA-Studiums) stattfindenden organisierten Studienreise teilzunehmen, sozusagen eine »betreute Maßnahme« zum Kennenlernen des Fremden. Sicher in der Gruppe, von sprach- und landeskundigen Hochschullehrern begleitet – was kann da schon schiefgehen?

Tatsächlich ist in Düsseldorf noch nichts schiefgegangen, was ein Hausarzt um die Ecke nicht im Rahmen einer Reisekrankenversicherung heilen konnte. Die Studierenden sind vor der Reise aufgeregt und bereiten sich ein Semester lang vor. Das reicht von thematischen Einführungen über passenden Sprachunterricht bis hin zu einer praktischen Demonstration, wie Taschendiebe in aller Herren Länder arbeiten. In Düsseldorf angekommen, sind sie zunächst müde nach 20 Stunden Reise, laufen aber mit großem Interesse durch die Stadt und über den Campus. In den ersten Tagen gibt es zahllose Fragen – ich erinnere mich an die Situation vor einer großen Kirche, deren Fassade ich mit einem weit ausholenden kunstgeschichtlichen Vortrag erklärt hatte, wobei mir aufgefallen war, mit welch ungewöhnlich großem Interesse alle auf das architektonische Meisterwerk in meinem Rücken starrten. »Haben Sie Fragen?« – »Ja. Warum streckt der alte Mann da neben dem Eingang seine Hand vor?« – Es dauerte ein Weilchen, bis ich die Frage verstand – natürlich, in Japan gibt es ja keine Bettler! Obdachlose leben in Häuschen aus Pappe und Plane in Parks und würden nie aktiv betteln.

Im Laufe der ersten Woche nehmen die Fragen ab genau wie der Wunsch, an allen von uns Begleitern angebotenen Aktivitäten teilzunehmen. Die Studierenden sind in Düsseldorf angekommen, wissen selbst, was sie interessiert und haben auch schon andere junge Leute kennengelernt, mit denen sie etwas unternehmen wollen. Die Stadt macht es ihnen aber auch leicht – nicht klein, aber gut überschaubar mit erstklassigen Verkehrsverbindungen; sauber und ordentlich genug auch für japanische

Ansprüche, voller Sehenswürdigkeiten und Konsumangebote und schließlich bewohnt von umgänglichen Menschen aus dem Rheinland, die schon so viele Asiaten gesehen haben, dass sie mit ihren Gästen aus Japan ganz natürlich umgehen.

Über die Erfahrungen der Studienreiseteilnehmenden haben wir uns oft durch Umfragen informiert; ganz typisch sind diese beiden Aussagen: »Mir wurde klar, dass Menschen und ihre Bräuche sich unterscheiden, als ich über Grenzen reiste. So etwas kann man nicht erleben, wenn man in einem Inselland lebt.« Und: »Wenn man etwas länger in Europa/Deutschland bleibt (nach Lage der Dinge ist hier Düsseldorf gemeint, TW), versteht man die Unterschiede in den Kulturen und Lebensstilen zwischen Japan und Europa.«[2] Was für einen Mitteleuropäer banal klingen mag, ist für einen jungen Menschen aus Japan eine Ausnahme und eine große Chance, sein/ihr Weltbild wesentlich zu erweitern.

Kulturelles Interesse ist übrigens seit unserer ersten Erhebung und bis jetzt bei jeder weiteren als wichtigstes Reisemotiv dokumentiert und kommt vor dem Wunsch nach Verbesserung der Fremdsprachenkenntnisse ein. Schon 2001 erreichte »Deutsche Kultur kennen lernen« mit einem Wert von 440 Punkten (von 500 möglichen) Platz 1.[3]

Noch aussagekräftiger sind natürlich die Berichte derjenigen Studierenden, die ein ganzes Austauschjahr in Düsseldorf verbracht haben. Auf

---

[2] Dokumentiert bei: Weber, Till: The RyuDai German Department's Kaigai Bunka Kenshu Programme. A Review after Ten Years. In: RyuDai Review of Euro-American Studies 57 (2013), S. 81-94 (hier S. 91).

[3] Ders.: »Ich möchte in Deutschland erleben, was man mit einer normalen japanischen Touristengruppe nicht sehen kann« – eine Umfrage unter Deutsch lernenden Studierenden der Ryukyu-Universität im Sommersemester 2001. Publiziert auf Englisch bei: Going on a Study Trip to Germany – Opinions and Expectations of 108 Ryukyu University Students from a 2001 Survey. In: RyuDai Review of Euro-American Studies 46 (2002) S. 65-92.

der Basis aktueller qualitativer Befragungen[4] lassen sich folgende Aussagen treffen:

1. **Das Unterrichtsangebot an der Heinrich-Heine-Universität wird positiv bewertet:** Die Lehrenden waren »professionell« und »nett«, die Kursinhalte interessant und vielfältig, besonders der Kurs »Alltagssprache und Landeskunde« wurde hervorgehoben (Studentin 1 = S1). Sogar die Unterrichtsgebäude der HHU wurden als »schön« empfunden (S2), das Vorhandensein von genderfreien Toiletten hervorgehoben (S6). Kritisiert wurde nur der Placement Test zur Bestimmung des Sprachniveaus (und des Kurses): »Ich glaube, dass es andere Methoden gibt, mit denen man die Niveaus noch besser bestimmen kann« (S1), der fehlende Raum zum Selbststudium (S6) sowie die Büroöffnungszeiten, die »kürzer als an der Ryukyu-Universität« wären (S3).
2. **Die Vielfalt an sozialen Kontakten wird hervorgehoben:** Im großen Angebot an Sprachkursen konnte man »Erasmus-Studierende einfach kennenlernen« (S2), und auch die Hilfe durch die Tutoren wurde gelobt (S2). Außerdem wurde das reichhaltige und kostenlose Angebot des Uni-Sports gelobt (S3). Man könne »verschiedene Personen treffen, die man in Japan nicht treffen kann, z. B. »eine Direktorin aus China, jemanden, der eine Weltreise macht und verschiedene Wissenschaftler« (S3). Von einigen Befragten wurden viele Nicht-Deutsche kennengelernt, was Einblicke in verschiedene Kulturen, auch während der Diskussionen im Kurs mit sich brachte (S4). Als ideale Orte der Begegnung außerhalb der Kurse wurden die Caféterien angesehen: »Es gibt viele Cafés an der HHU, das finde ich sehr gut. Ich möchte, dass die Ryukyu-Uni die Zahl solcher Cafés erhöht.« (S1) Negativ wurde von S4 und S6 angemerkt, dass es in Düsseldorf viele Japaner gebe: »Es gibt zu viele Japaner in Düsseldorf, deswegen habe ich mehr Verbindungen zu Japanern und spreche viel Japanisch. Das kann ein Hin-

[4] Schriftliche Befragungen durchgeführt im September/Oktober 2019 mit sechs Studentinnen, die jeweils ein Austauschjahr in Düsseldorf verbracht hatten oder bereits mehr als ein halbes absolviert haben. Die Namen wurden verdeckt (S1 – S5). Die Dokumentation liegt dem Verf. vor (Zif. 1RM, 2 CY, 3 AI, 4AN, 5 MK, 6 MK).

dernis sein beim Deutschlernen.« Quasi als Antwort auf diese Einschätzung sei S1 zitiert, die das folgende Vorgehen empfiehlt: »Ich persönlich denke, dass Alleinreisen ein sehr guter Weg ist, um die Sprache zu verbessern. Man sollte nicht immer nur mit den Kommilitonen, sondern auch manchmal (sic!) mit Deutschen sprechen.« Hieran erkennt man, dass ein Großteil der Unterrichtszeit mit anderen Nicht-Muttersprachlern des Deutschen in den Sprachkursen verbracht wurde.

3. **Lage und Verkehrsinfrastruktur von Düsseldorf sind erstklassig:** »Düsseldorf ist günstig gelegen für uns, wenn wir in andere Länder reisen. Wir können einfach mit dem Zug in die Niederlande und nach Belgien fahren.« (S5) Dieser Punkt wurde noch von drei weiteren Befragten genannt. Aber auch der innerstädtische ÖPNV wurde gewürdigt: »Es gefällt mir, dass die letzte Bahn erst gegen 0 Uhr fährt. Deswegen kann ich auch nachts zu Partys gehen.« (S3) Mit dem Semesterticket könne man alle Verkehrsmittel in NRW benutzen (S1, S4). – An dieser Zusammenstellung erkennt man am deutlichsten, was einen wesentlichen Unterschied zwischen Tokyo und Okinawa ausmacht – Tokyo hat selbst eine so herausragende Verkehrsinfrastruktur, dass deren Vorhandensein in Düsseldorf kaum so aufgefallen wäre wie den Studierenden aus Okinawa, die an lange Staus und mangelhaften Busverkehr gewöhnt sind.
4. **Wohnen und leben in Düsseldorf bereitet kaum Schwierigkeiten:** »Man kann dort fast alles kaufen. Es war ein komfortabler Ort zum Leben.« (S1) Es gibt viele asiatische Supermärkte (S2) und man kann in der Stadt japanisches Essen bekommen, »also hatte ich kein Heimweh nach Japan« (S3). Überhaupt bräuchte man nicht viel Geld zum Leben, denn »meine WG-Miete war nicht teuer und Nahrungsmittel sind viel billiger als in Japan« (S4), aber trotzdem waren »Gemüse und Obst in Deutschland… lecker.« (S2) Allgemein werden Sauberkeit und Sicherheitsgefühl in der Stadt positiv bewertet, mit einer Ausnahme: »Nachts braucht man Vorsicht, denn nicht nur der Düsseldorfer, sondern jeder Hauptbahnhof ist unsicher.« (S6)
5. **Das Bild von Düsseldorf insgesamt:** Düsseldorf wird als eine »sehr moderne Stadt« wahrgenommen, auch mit einem »großen Flughafen«, aber »nicht so touristisch« (S1). Allgemein wird die »Atmosphäre« in

der Stadt positiv erwähnt (S4) und immer wieder die praktischen Verkehrsmittel (s.o.). Die Natur um den Campus der HHU wurde geschätzt (S5), weil sie zu Spaziergängen einlud. Allerdings wurde von S3 auch dieses berichtet: »Wenn Freundinnen aus Japan mich besuchten, zeigte ich ihnen keine Sehenswürdigkeiten in der Stadt, sondern wir fuhren sofort nach Köln« – klare Verhältnisse bei der Bewertung der kulturhistorischen Anziehungskraft großer Städte am Rhein!

Aus den Befragungen wird klar, wie gut allen sechs Studentinnen das Austauschjahr in Düsseldorf gefallen hat. Als ihr Hochschullehrer kann ich nur beitragen, dass sich auch die Sprachkenntnisse bei allen verbessert haben, allerdings mit einer gewissen Schwankungsbreite von »ein wenig« bis »ganz erheblich«. Fast noch wichtiger ist der zu beobachtende Zuwachs an Selbstbewusstsein und Selbstsicherheit – man hat eine große Herausforderung angenommen und mit Erfolg bewältigt. Sicherlich wird dieses eine Jahr in Düsseldorf alle in mancher Form weiterhin auf ihrem Lebensweg begleiten.

Ausblick

Als Verfasser der vorangegangenen Betrachtungen plagt mich fast das kritische Gewissen, dass es eigentlich nur Positives aus der Beziehung HHU-Ryukyu-Universität zu berichten gibt. Die Entwicklung und die quantitative wie qualitative Stärke unserer Beziehungen ist sicherlich eine ganz große Erfolgsgeschichte, aber Erfolg wird nicht erhalten, indem man ihn einzufrieren versucht. Wie könnte es in der Zukunft weitergehen?

Unerlässlich für fast jede Art lebendigen akademischen Austauschs sind beauftragte Personen auf beiden Seiten, zwischen denen Interessenüberschneidungen und viel Vertrauen bestehen. Bei der Partnerschaft Heinrich-Heine / Ryukyu sind insgesamt rund ein Dutzend Personen in Verwaltungen und Lehrgebieten regelmäßig in die Prozesse einbezogen.[5] Wenn es, allein pensionsbedingt, zu personellen Wechseln kommt, sollten die neuen Beziehungen genauso intensiv gepflegt werden. Mit dem Düsseldorfer Campus Office der Ryukyu-Uni kommt demnächst ein neuer Mitspieler in die Mannschaft, von dem ich Impulse erhoffe. Ganz konkret sind es einige Kleinigkeiten, die verbessert werden könnten. Während der sommerlichen Studienreise wohnen unsere Studierenden in einem Gästehaus, allerdings würden viele von ihnen sehr gern einen Homestay bei einer einheimischen Familie machen – ohne Zweifel wäre das eine Intensivierung ihres Düsseldorf-Erlebnisses. Studierende im Einjahresaustausch möchten oft gern ein Praktikum von ca. 4 Wochen im September machen, was leider sehr selten möglich ist, denn viele Unternehmen nehmen Studierende nur für einen längeren Zeitraum auf. Hier wären Bemühungen willkommen, eine Praktikums-Plattform zu schaffen, wofür sicherlich aufwendige Einzelgespräche mit Unternehmen notwendig wären.

Kleinigkeiten – aber genug zu tun, um unsere Beziehung weiterhin wachsen und niemals rosten zu lassen!

[5] Ich möchte mich in diesem Zusammenhang sehr herzlich für die langjährige und andauernde Zusammenarbeit bedanken bei unseren Düsseldorfer Partnern Dr. Peter Hachenberg, Prof. Dr. Michiko Mae, Prof. Dr. Annette Schad-Seifert, Prof. Dr. Helmut Brall-Tuchel, Dr. Anne Gellert, Dr. Werner. Stüber, Kaori Fujita und Monika Lent-Öztürk.

DÜSSELDORF ALS WISSENSCHAFTS- UND BILDUNGSSTANDORT

Was zieht ausländische Studierende an die Robert Schumann Hochschule (RSH)? Oder: mit Ohren nach Düsseldorf hineingehört und sich dort neu gefunden …

Volker Kalisch
(Prorektor der Robert Schumann Hochschule)

Eigentlich liegt die Antwort ganz naiv auf der Hand und fällt gänzlich unspektakulär aus: Weil sich Studierende hier im Rahmen einer bestandenen künstlerischen Eignungsprüfung einen der gesuchten Studienplätze an einer bundesdeutschen Musikhochschule erkämpft haben und nach wie vor darauf vertrauen, dass ein erfolgreiches musikalisches Studium insbesondere der westlichen Kunstmusik ihnen im deutschsprachigen Raum

1. einen nach wie vor international anerkannten Abschluss einträgt und sie sich
2. damit Ihre beruflichen Chancen als Musiker*innen auf dem internationalen Musikmarkt deutlich verbessert erschließen können.

3. mag hinzukommen, dass es in den bundesdeutschen Musikhochschulen, und sicherlich auch in Düsseldorf, noch immer renommierte und international angesehene Vertreter*innen ihres künstlerischen Faches gibt,
4. wo obendrein vor ihnen auch schon einige ihrer eigenen Landsleute erfolgreich ihr Musikstudium absolviert haben und
5. es trotz aller kulturpolitischen (deutschen) Klagen doch gesellschaftlich akzeptiert und sogar (in überschaubaren Maßen) gefördert wird, sich mit etwas Musikalischem professionell zu beschäftigen, das sich hier auf die eigene Herkunftssituation bezogen vom häufig pejorativ gemeinten Verwertungsetikett »nice to have, but useless« zu befreien vermag!

Wie viele ausländische Studierende pro Studienjahr an der Robert Schumann Hochschule Düsseldorf ein künstlerisches Studium aufzunehmen anstreben? Viele, jedenfalls mehr als an den Universitäten und Fachhochschulen des Landes – das liegt nicht zuletzt am Zugangsnadelöhr »künstlerische Eignungsprüfung« –, aber gewiss nicht signifikant abweichend vom allgemeinen Interessentrend, an dem sich Kunst- und Musikhochschulen im Allgemeinen erfreuen. Um dem Aspekt der zahlenbasierten Fakten wunschgemäß Rechnung zu tragen, hier einige Daten: Die Anzahl der ausländischen Neu-/Ersteinschreibungen belief sich im Jahr 2019 (SS 2019 + WS 2019/2020) auf 140 (Haupthörer, Sprachkollegiaten, Erasmusstudierende) zu ungefähr 111 »deutschen« Neu-/Ersteinschreiber*innen (Haupthörer). Wobei viele der Erstgenannten noch nicht über den Nachweis der geforderten hinreichenden Sprachnachweise verfügen, und diese während eines Semesters bzw. maximal eines Jahres bei sonst nachgewiesener künstlerischer Eignung noch nachliefern müssen. Studieninteressierte aus insgesamt 36 Ländern[1] befanden sich darunter, wobei sich

[1] Nämlich aus Aserbaidschan, Belgien, Brasilien, Chile, China (VR), Dänemark, Finnland, Frankreich, Großbritannien, Italien, Japan, Kanada, Kolumbien, Korea, Republik, Kroatien, Lettland, Litauen, Österreich, Polen, Portugal, Russische Föderation, Schweden, Singapur, Slowakei, Slowenien, Spanien, Taiwan, Türkei, Ukraine, Ungarn, USA, Venezuela, Weißrussland (Belarus), nebst Indonesien, Korea (VR), Mexiko und Neuseeland. Bei uns

ein quantitativer Schwerpunkt aus Korea (Republik) – die im eigenen Lande über keine hinreichende Anzahl von Musikhochschulen, dafür aber über ein relativ gut ausgestattetes Stipendienwesen verfügen – bzw. aus Spanien – weil wir mit einem Schwerpunkt auf Gitarre vor allem die iberischen sowie südamerikanischen Studienwilligen anlocken – abzeichnet. Es sind genauso fleißige oder bequeme Studierende wie ihre »deutschen« Kommiliton*innen, verbleiben meistens – so sie nicht über zeitlich begrenzte Austauschprogramme zu uns gelangen (z. B. Erasmus-Studierende) – während der gesamten Regelstudienzeit bei uns, essen bei uns täglich in der Cafeteria, grölen (meist leiser als unsere »deutschen« Studierenden) bei uns für ihre Fußballmannschaften bei internationalen Wettbewerben und freuen sich auf die Palette der ganzen Sommer- und Weihnachtsfeste, der Geburtstags-, Ersti-, Semesterabschluss- oder – vor allem – der wichtigen Après- bei den erfolgreichen Konzertveranstaltungen oder Dernièrenpartys bei den gefeierten Opernproduktionen. Es wurden bei uns schon Verlobungen, Heiraten zwischen »deutschen« und »nicht-deutschen« Studierenden gefeiert und Kindstaufen mit Paten aus unterschiedlichen Herkunftsländern ausgerichtet, auch Streits geschlichtet und gebrochene Herzen getröstet.

Doch das alles ist nur so normal wie Folgendes unabdingbar und selbstverständlich sein muss: Musik entsteht aus einem Miteinander, aus einer gemeinschaftlichen Praxis und Kommunikation! Und diese wiederum klären sich an genauso simplen wie klaren, sich ohne viel Aufhebens (nonverbal) entscheidenden wie eindeutigen Fragen: kann er Violine spielen, kann sie singen, ist sie gut auf der Querflöte, kann er präzise den rhythmischen Aspekt auf dem Schlagwerk bedienen, hat er die Fähigkeit, sein Klavierspiel in den Dienst einer Gruppe zu stellen oder verfügt sie über hinreichend Fantasie, über neue Klänge und Strukturen ihr musikalisch Folgende in neue (musikalische) Erfahrungsräume zu führen? Die Frage darüber hinaus, ob diese Personen Deutsche oder »Oder« sind, ist demgegenüber bestenfalls drittrangig, weil allein schon die Genderbezogen-

---

haben aber auch schon Australier, Bolivianer, Niederländer, Peruaner, Schweizer, Tschechen usw. studiert – diese befanden sich nur gerade zum angegebenen Zeitraum nicht unter den Neu-/Ersteinschreibungen.

heit gegenüber der Herkunftsfrage gewiss künstlerisch, soziologisch, gruppenspezifisch, kommunikationspraktisch viel wichtiger ist als letztere.

Was also begründet die Internationalität der Musik-Studierenden? Ich würde der Frage gegenüber äußerlich bleiben, würde ich nicht versuchen, sie in eine Besinnung auf das Wesen der Musik selbst zu verschränken! Das muss ich weder alleine noch besonders angestrengt theoretisch versuchen, sondern ich rufe lediglich die Denk- und Betrachtungsweise des Nestors der im deutschsprachigen Kulturraum entstandenen akademischen Disziplin »Musikwissenschaft« auf, des in 13 Jahren 1000-jährigem Reich wegen seines jüdischen Glaubens diffamierten Österreichers Guido Adler (1855-1941). Denn dieser hat mit noch heute bedenkenswerten Worten und Gedanken den Zusammenhang zwischen Nationalismus und Internationalismus in der Musik – er nannte diesen ein »Parallelogramm der Kräfte« – bedacht, als dieses Thema zum wiederholten Male, gewiss aber besonders drängend – ich spreche von der Zeit nach dem Ersten Weltkrieg und jener von uns Nachgeborenen erst so gefeierten goldenen Zwanzigern des letzten Jahrhunderts –, die sich zunehmend ideologisierenden Gemüter auch in der Musikwissenschaft bewegte.

Seine Überlegungen – und ich erlaube mir, nicht zuletzt aus Respekt vor der großartigen Leistung eines eher bescheiden wirkenden Musikgelehrten, ihn an dieser Stelle etwas ausführlicher zu Wort kommen zu lassen – weisen auffällige und ganz bestimmt bemerkenswerte Parallelen zur Gegenwart auf:

»Nationalismus und Internationalismus sollen sich wie im Leben so in der Kunst in der Diagonale eines ‚Parallelogramms der Kräfte' bewegen«.[2]

Das Thema, wie es hier angesprochen und gleich noch vertieft werden wird, verschränkt dabei zwei ganz wesentliche, mit der Musik, mit der Kunst überhaupt, gerne in Verbindung gebrachte unterschiedliche Dimensionen. Nationalismus versus Internationalismus auf ein und derselben, einer horizontalen Kulturaustauschebene; dann aber Nationalismus repräsentiert durch »Volksmusik«/»Volkskunst« und Internationalismus verkörpert in den »höheren Kunstgebilden«, in den (»Ton«-)Werken der artifiziellen Musik, auf einer Vertikalen.

---

[2] Guido Adler, Musik in Österreich, in: StMw 16 (1929), S. 3-31, hier: S. 31.

Doch erst wieder Adler: »Das Thema meines Vortrages [nämlich: »Internationalismus in der Tonkunst « 1924, V.K.] sollte eigentlich heißen: Nationalismus und Internationalismus in der Tonkunst. Denn der letztere läßt sich ohne den ersteren nicht erörtern. Es sind reziproke Begriffe, die in Relation zueinander stehen, sich gegenseitig ergänzen, miteinander verbunden und verknüpft sind, nach meiner Auffassung einander nicht ausschließen. Sie stehen in organischem Verhältnis zueinander, wie im Leben, so in der Kunst, in Handel und Wandel, im Schaffen und Wirken, im Entstehen und in der Ausgestaltung des Kunstwerkes, der Kunstgattung, der Kunstrichtung, im Auf- und Abstieg der periodischen Entwicklung. Sie unterstützen und fördern einander – so wie ich dies aus dem Werdegang unserer Kunst zu erkennen glaube, deren Erforschung wir uns zur Lebensaufgabe gemacht haben. Denn trotz der heute partiell überhitzten Nationalgefühle, der nationalen, chauvinistischen Aspirationen haben wir Vertreter der Wissenschaft geradeso wie alle echten, wahren, tiefen Künstler das Weltumspannende der Leistungen uns vor Augen zu halten, wie dies zu allen Zeiten in der Kunst und gerade in den Abschnitten ihrer jeweiligen Vollendung unwiderleglich und überzeugend hervortritt. Der Wissenschaftler hat bei der Forschungsarbeit nicht Politik zu treiben, so sehr er auch seiner Nation anhängen mag, und der Künstler, der persönlich national eingestellt ist und, ich möchte hinzufügen, auch wohl national eingestellt sein soll, schafft das Werk als internationales Gut. Möge der Künstler noch so sehr national eingestellt sein, so ist doch sein Werk auf Internationalität und internationale Wirkung gerichtet. Von dieser Grundidee ausgehend, möchte ich auf die Erörterung des Themas vom Internationalismus in der Tonkunst eingehen«.[3]

[3] Guido Adler, Internationalismus in der Tonkunst, in: MuWi Kgr.-Bericht Basel 1924, Leipzig 1925, S. 36-48, hier: S. 36.

Was Adler daraus für Folgerungen zieht, fasst er selbst – in einer Sprache, die freilich das Imprimatur des Zeitgeists mit sich trägt (und gewiss nicht mehr z. B. der meinen entspricht) – in sieben markante Thesen zusammen:

1. Das Kunstleben bewegt sich zwischen Nationalismus und Internationalismus. So notwendig der eine, so unentbehrlich der andere.
2. Es vollzieht sich eine Ausgleichung dieser Gegensätze, die für die Entwicklung der Tonkunst förderlich, heilsam und unausweichlich ist.
3. Nicht in äußerlichen Kompromissen vollzieht sich dies, sondern in organischen Verbindungen und Lösungen, die sich elementar geltend machen.
4. Die Mission jeder am musikalischen Kulturleben teilnehmenden Nation erfüllt sich innerhalb des Reigens der vor- und zurücktretenden Schulen, in Betätigung und Ausübung der Eigenanlage und im Rangverhältnis ihrer Berufung (Vokation), d.i. ihrer Eignung.
5. Während die Macht des Internationalismus zeitlich nicht beschränkt erscheint, ist die Machtstellung der einzelnen Nationen auf Zeit gestellt.
6. Nicht Haß noch Liebe, nicht Vorurteil noch Sympathie bestimmen diese Reihung, sondern das innere Kunstleben und Wollen, die Forderungen organischer Entwicklung.
7. Eine Invergleichstellung dieser Entwicklungserscheinungen der Tonkunst mit den politischen und allgemein kulturellen Verhältnissen könnte klärend, läuternd wirken. Die Geschichte lehrt uns, wie einzig in einer richtigen Proportionalität von Nationalismus und Internationalismus das Heil gesunder tonkünstlerischer Entfaltung liegt.«

… und bekräftigt gleichsam, trotzig und wider den sich erhebenden vereinseitigenden nationalistischen Ungeist:

»Das dürfte auch in der Zukunft so sein…«![4] Adler packt also an, woraus sich gleich zweierlei Konsequenz und Auftrag z. B. für die RSH ergeben: nämlich

1. die Frage der internationalen-nationalen Beziehungen als etwas mit der Musik selbst zu tun Habendes und damit mit ihrem Kernauftrag als Musikhochschule unverzichtbar Verknüpftes zu verstehen. Zum anderen wird sie durch Adlers Gedanken
2. daran erinnert und dazu angehalten, diese Verschränkung nicht nur einfach als gegeben hinzunehmen, sondern sie im Dienste an der Musik zu thematisieren und als etwas der Musik selbst Zugehöriges immer wieder erleb- und gestaltbar aufzuweisen.

Wichtig aber ist es der Robert Schumann Hochschule Düsseldorf, dass solche grundsätzlichen Überlegungen nicht nur den Studienalltag aller Studierenden und Lehrenden durchwirkend bestimmen, sondern dass solche in konkreten (künstlerischen) Projekten Gestalt annehmen und für Mitwirkende wie Publikum zu einem konkreten Erlebnis, zu einer konkreten Erfahrung werden.

Hier kommt abschließend ein Beispiel solcher Umsetzung (unter anderen Beispielen) in den Blick, das als konkretes Chorprojekt mit einem unserer Kooperationspartnern aus Kiew (Ukraine) durchgeführt wurde und zu weiterer Anregung hier mitgeteilt werden soll. Warum kommt dieses Beispiel in den Blick? Freilich geht es um die Konkretheit der hier in den Blick genommenen Aussagen und Feststellungen. Dann aber geht es insbesondere auch darum, dass sich die hier erörterten Zusammenhänge nicht nur in eine Grundsatzdiskussion oder – für viele gleichbedeutend – realitätsabhebende intellektuelle Fingerübung verflüchtigen, sondern im Zusammenspiel von Studium, Lehre und Forschung Erfahrungshorizonte erschlossen und bereitgestellt werden, die dazu beitragen, das Diskutierte, nämlich das Geviert im »Parallelogramms der Kräfte« zwischen einerseits Internationalismus und Nationalismus und andererseits Volkskultur und Hochkultur, in den umgänglichen Alltagshorizont hinein zu tragen.

---

[4] Ebd., S. 46 f.

Obschon ohne direkten Bezug auf Adlers Feststellungen zu nehmen, haben sich also Idee wie Programmkonzept eines gemeinsam mit dem Mädchenchor des Hohen Doms zu Essen (unter der Leitung von Herrn Prof. Wippermann) und einer Auswahl aus dem gemischten Chor der Universität für Künste und Kultur in Kiew (Frau Prof. Krechko) erarbeiteten Chorprojekts an dieser Primärbotschaft emporgerankt. Ihrer unterschiedlichen kulturellen Herkunft entsprechend und eingedenk ihrer professionellen künstlerischen Möglichkeiten sollte eine Brücke geschlagen werden, die von der ukrainischen »Volksmusik« ausgehend eine künstlerisch-vokalmusikalisch Brücke in variierenden chorgemischten Besetzungen zu deutscher »Volksmusik« schlagen sollte. Und zwar ohne viel erklärende Wortbeigaben für ein »normal« interessiertes Publikum nachvollziehbar und dabei gleichzeitig die hohen künstlerischen Ansprüche eben professioneller Chöre einlösend. Ein Programm wurde also entwickelt, geprobt und dann sowohl in Kiew als auch in Essen/Düsseldorf aufgeführt, das von der klanglichen Präsentation originärer Formen, nämlich geradezu archaisch anmutender vokaler ukrainischer Chormusik ausging, über unterschiedliche Einflüsse immer artifizieller werdenden Chorkompositionen bis hin zu einer modernen, ganz aus artifiziellem Anspruch komponierten, aber eben doch irgendwie »ukrainischen« Chormusik aufschwang, um dort sich gleichsam mit artifizieller Chormusik aus dem deutschsprachigen Kulturkreis zu mischen. Von dort wurde dann der Bogen wieder zurückgeschlagen zu einer deutschsprachigen Chormusik, die über die Stationen erst volksmusikalischer Spuren (Assonanzen), dann eher kunstvollen Bearbeitungen, zu volksmusikalischer Ursprungsliteratur führte. Dies lässt sich am besten in einer Konzeptionsskizze überblicken:

Was wurde für Beteiligte wie Zuhörer gewonnen? Zunächst einmal ganz tolle, sehr farbige für die unterschiedlichen Publika in Kiew bzw. Essen/Düsseldorf sehr fremde wie sehr vertraute Musik. Musik, die von stark volksmusikalischer Prägung in hörbaren Etappen sich zur eher »abstrakten«, dafür sehr sublimen Repräsentationen aufschwang, um von dort aus sich wieder in die Mitte von volksmusikalisch Vertrautem bzw. volksmusikalisch Fremdem für das jeweils entsprechende Publikum zu begeben. Über »Volksmusik« wurde so die Vermittlung einerseits zwischen deren sehr unterschiedlichen »nationalen« Wiegen geleistet – ohne eine

Konzeptionsskizze

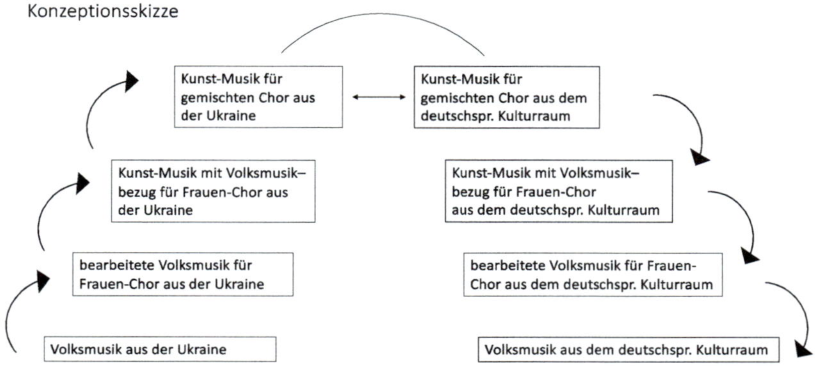

»nationale« Prägung über die andere zu stellen – und über den Aufstieg zu avancierter »Kunstmusik« wurde der klingende Nachweis erbracht, dass »Volks-« und »Kunstmusik« sich keineswegs in voneinander entkoppelter Gegnerschaft bewegen (müssen). Ein überzeugendes, mit den Mitteln und Möglichkeiten der Musik gleichermaßen für Mitwirkende wie Hörer erfahrbarer »Kulturaustausch«! Er ist dem musikalisch bekundeten Respekt vor dem »Anderen« verpflichtet, dem es umgekehrt erlaubt ist, seine Herkunft künstlerisch zu bekennen, ohne sich dabei statisch darauf zurückzuziehen. Es ist das Erfahren des »Anderen«, ohne das »Eigene« darüber zu vergessen oder zu verleugnen. Und es ist die Vorführung von verbindend-verbindlicher Gemeinsamkeit, ohne dabei seine eigene kulturelle Identität aufgeben zu müssen. Nicht zuletzt auch aus dieser Erfahrung heraus studieren ausländische Studierende an der RSH…!

Düsseldorf – Stadt der vielen Möglichkeiten

Yelena Etaryan
(Brusov-Universität, Yerevan)

Eine Stadt, an die man schnell sein Herz verliert

Meine »Liebe« zu Düsseldorf fing 2011 an. Ich war zu Besuch bei meiner ehemaligen Studentin Anna Schahparonyan, die damals als KAAD-Stipendiatin[1] in Düsseldorf weilte. Es war »Liebe auf den ersten Blick«, von der ich nicht loskam.

Mit der Zeit, in den nachfolgenden Jahren und bis heute, hat sie sich in meiner Vorstellung zu einer Stadt entwickelt, die mir das Gefühl von Heimat gibt. Vielleicht ist Düsseldorf nicht die schönste Stadt der Welt, aber für mich ist sie die beste!

---

1 Der Katholische Akademische Ausländer-Dienst (KAAD) unterhält ein Osteuropa-Programm mit Stipendien, um die sich NachwuchswissenschaftlerInnen, Postgraduierte und HochschullehrerInnen bewerben können.

Eine gepflegte Stadt

Es ist gewiss kein Zufall, dass man Düsseldorf als Stadt der Mode und des Designs bezeichnet, denn sie vermittelt den »Fremden« genau den Eindruck von Schönheit und bunten Farben, einer Umgebung, die dazu einlädt, das Leben und den Kontakt zu Natur, Kultur und den Menschen in vollen Zügen zu genießen. Die vielen Parks und Alleen sind Anziehungspunkte, insbesondere bei schönem Wetter im Frühling und Sommer.

Eine Stadt mit »einheimischer« Universität

Aus meiner Sicht geht die Heinrich-Heine-Universität auf die Wünsche und Bedürfnisse der Studierenden ein: Alles ist hier in greifbarer Nähe und man fühlt sich wie zuhause. Die Bibliothek, die Mensa, die vielen Caféterien, die Sportmöglichkeiten, das kulturelle Angebot sorgen für ein abwechslungsreiches, effizientes, aber auch entspanntes Studieren und Forschen. Das Haus der Universität in der Innenstadt bietet darüber hinaus besondere wissenschaftliche und ästhetische Anreize, denn je mehr Veranstaltungen man dort besucht, umso »geistreicher« fühlt man sich.

Mit ihren umfangreichen wissenschaftlichen Netzwerken bietet die HHU auch einen Zugang zur weiten Welt: Als Alexander-von-Humboldt-Stipendiatin durfte ich im Rahmen des »Erasmus +«-Programms zu einem Englisch-Kurs nach Malta reisen, darüber hinaus habe ich im Juni 2019 an einer Studienreise nach Griechenland teilgenommen. Das sind Länder und Kulturregionen, die von Armenien aus nicht so leicht zu erreichen sind.

Auch an Gastfreundlichkeit fehlt es an der HHU keineswegs: Seit Beginn meines Forschungsaufenthaltes genieße ich die Vorteile eines geräumigen Arbeitszimmers, wo ich mich gedanklich sehr gut auf mein Forschungsprojekt konzentrieren kann. Schon gleich nach meiner Ankunft in Düsseldorf wurde ich von der Prorektorin für Internationales, Frau Prof. Dr. von Hülsen-Esch freundlich begrüßt und zu meinem Forschungsaufenthalt beglückwünscht.

Im ersten Monat meines Aufenthaltes wurde ich von der Abteilung für Öffentlichkeitsarbeit der Universität zu einem Interview eingeladen, in dem ich über meine wissenschaftlichen Projekte berichten konnte.
Die Universität ermöglicht ihren Gastwissenschaftlern viele weitere Fortbildungsmaßnahmen: Die Palette reicht von Präsentationstagen wissenschaftlicher Stiftungen, Stipendiengebern, Finanzierungsmöglichkeiten aus Drittmitteln bis hin zu Unconscious Bias Training mit den Schwerpunkten unbewusste Denkmuster, Stereotype und Vorurteile, Genderstereotype im Bereich der Natur- und Geisteswissenschaften, Handlungsansätze für den Umgang mit Unconscious Biases im (Arbeits-) Alltag etc.

Mit der Zeit trifft man immer mehr Freunde und Kollegen auf dem schön gelegenen Uni-Gelände, zu denen der Kontakt mit der Zeit immer intensiver wird. Die große Mensa ist schon längst ein Begegnungsort und Treffpunkt mit den Freunden und Kollegen, hier kann man sich über vieles – Wissenschaftliches und Persönliches – austauschen.

Eine Stadt mit schwebenden Ideen

Düsseldorf ist eine Stadt mit einer höchst anregenden Atmosphäre. Es kommt mir vor, als ob neue Ideen hier in der Luft liegen, man muss sie nur sehen und fangen können. Ich weiß, dass diese Anregungen und Ideen bei mir in Zukunft Früchte tragen werden, von denen noch zu berichten sein wird. Mit anderen Worten – die schöpferischen Impulse wirken lange über den aktuellen Aufenthalt hinaus.

So kann ich sagen, dass Düsseldorf mir im beruflichen Feld, bei persönlichen Kontakten und im Bereich Sport eine Horizonterweiterung ermöglicht hat, die ich für meine persönliche Entwicklung als wichtig erachte.

Sport – eine besondere Attraktion von Düsseldorf

Von meinem Kulturkreis aus betrachtet war es eine grundstürzend neue Erfahrung, zum Training beim Hochschulsport in die C-Halle der Heinrich-Heine-Universität zu gehen. Dass Männer und Frauen, Dozierende und Studierende, in einem Saal – alle in Sportkleidung – im Einklang mit sich selbst und der Welt Freude an der Bewegung verspüren, das war so

befremdlich wie beglückend auf einmal. Nie hätte ich gedacht, dass mir dies so schnell zu einer vertrauten Gewohnheit werden würde.
Für meinen jüngeren Sohn mit einer ausgeprägten Vorliebe für das Fußballspiel bot die Stadt mit der Hulda-Pankok-Gesamtschule eine ausgezeichnete Förderung. Der Leistungskurs Fußball ist aus verständlichem Grund das Lieblingsfach meines Sohnes.

Eine familienfreundliche Stadt

Man fühlt sich nicht nur als Gastwissenschaftlerin in Düsseldorf deswegen besonders gut aufgehoben, weil hier auch die Familie an den vielfältigen Chancen partizipiert. Darüber hinaus lernt man Menschen aus verschiedenen Kulturen kennen, deren Bräuche und Sitten oft ganz anders als in meiner Heimat sind.

IIK – eine besondere Institution in der Stadt Düsseldorf

In diesem Zusammenhang kommt man nicht umhin, über das Institut für internationale Kommunikation zu berichten, wo meine Familie mit großer Freude Deutsch gelernt hat. Ja, das IIK bietet weit mehr als eine Sprachschule! Meiner Familie fiel besonders die sehr freundliche Atmosphäre auf. Alles zielte darauf ab, möglichst schnell und effektiv Deutsch zu lernen: die hochqualifizierten Lehrkräfte, die »bunten« Lehrbücher, die Institutsleitung, das persönliche Interesse für die Situation der »Klienten«, die unterschiedlichen kulturellen und multikulturellen Veranstaltungen – und die Kommilitonen aus der ganzen Welt taten das Übrige! Am IIK wurde nicht nur Deutsch unterrichtet, man machte die Studierenden auch ausführlich mit der Stadt vertraut – und zwar aus landeskundlicher Sicht: z. B. mit der besonders bequemen Infrastruktur der Stadt; man veranstaltete Besuche beim Bürgermeister, mit dem wir uns über die ersten Eindrücke von Deutschland, Düsseldorf und dem IIK austauschten und einiges auch von ihm hören konnten! Ganz zu schweigen von den Grill-Partys, den Disco-Besuchen und verschiedenen anderen Festen. Das IIK ist nun ein Begriff, der für mich und meine Familie mit der Universität, der Hochschule Düsseldorf und der Stadt Düsseldorf selbst verbunden ist!

Düsseldorf – eine Stadt deutscher »Tugenden«

In Düsseldorf fanden sich alle über die Deutschen verbreiteten und in Deutschland geltenden Tugenden wie Fleiß und Professionalität, Offenheit und Toleranz und weiterhin eine weltoffene und anregende Atmosphäre.

Gilt das aber nicht auch für viele andere Städte Deutschlands? Meine Antwort darauf lautet: Ja, vielleicht, aber ich habe es nun mal in Düsseldorf erlebt – und freue mich darüber!

Mit anderen Augen aus Amerika

Ernst Ralf Hintz
(Truman State University, Kirksville, Missouri)

Als die westliche Welt infolge des Angriffs auf die Twin Towers in New York noch erschüttert und verängstigt war, erstreckte sich eine finstere Wolke des Misstrauens über die USA. Auffällig war die Bunkermentalität, die auf die Dauer im ganzen Land vorzuherrschen drohte. Es gab eine Tendenz, die Welt außerhalb der Grenzen mit wachsendem Verdacht zu betrachten. Kurz vor den Osterferien im Jahre 2002 hatten meine Studierenden an der Fort Hays State University im Bundesstaat Kansas die Gelegenheit, an einer Exkursion nach Deutschland teilzunehmen. Viele von ihnen hatten bislang nur die Weite des Mittelwestens erlebt und keiner war jemals im Ausland gewesen. Ziel der Studienreise war es einerseits, den deutschen Kulturkreis aus erster Hand kennenzulernen, wenn auch nur für zehn Tage, andererseits galt es, der Angst vor dem Fremden und Andersartigen entgegenzuwirken. Viele der Studierenden hatten sogar deutsche Vorfahren. Es handelte sich um die sogenannten Russlanddeutschen, welche die Zarin Katharina im Jahr 1763 mit Versprechungen von Land und Privilegien sowie Befreiung vom Militärdienst nach Russland gelockt hatte, um die menschenleeren Wolgagebiete mit Bauern und Handwerkern zu bevölkern.

Als Zar Alexander etwa ein Jahrhundert später diese Privilegien rückgängig machte, wanderten viele Siedler in den Mittelwesten des nordamerikanischen Kontinents aus. Auf der Suche nach alldem, was sie ursprünglich in Russland geschätzt hatten, nämlich Landbesitz, Bewahrung ihrer Kultur und Sprache, gründeten sie deutschsprachige Enklaven, deren kulturelle Identität noch bis heute fortbesteht, obwohl in den ehemaligen Sprachinseln von Liebenthal, Schönchen und Hays der wolgadeutsche Dialekt kaum mehr zu hören ist. Von ihrer deutschen Abstammung ermutigt, meldeten sich neun Studierende für die Studienreise an. Da ich im Jahr zuvor einem ehemaligen Kommilitonen von mir aus alten Heidelberger Studienzeiten auf einer Mediävistentagung in Leeds, United Kingdom, begegnet war, wählte ich Düsseldorf, seine Heimatstadt, zum Zielort der Reise. Es war eine einmalige Chance, eine mir bis dahin unbekannte Stadt in einer neuen Funktion kennenzulernen. Selbst für mich, der ein anscheinend ewig dauerndes Studium am Neckarstrand absolviert hatte, war es besonders anregend, den Neckar am Rande des Odenwalds gegen das panoramische Rheinland, die Ruprecht-Karl-Universität gegen die Heinrich-Heine-Universität Düsseldorf, die urige Bodenständigkeit der Badenser gegen den leichten und beschwingten rheinländischen Humor zu tauschen.

Am Tag des Abflugs von Kansas City herrschte eine ferienartige Stimmung mit einem leisen Anhauch von Angst vor dem Unbekannten in der Gruppe. Wir flogen nach Köln und landeten am frühen Morgen, fuhren dann weiter mit dem Zug nach Düsseldorf. Da die meisten Studierenden nie zuvor mit der Bahn gefahren waren, selbst nicht in den USA, in denen das öffentliche Verkehrsnetz von AmTrak am Rande des Verfalls steht, galt die Fahrt vom Kölner Hauptbahnhof nach Düsseldorf als erste kulturelle Vergleichsmöglichkeit, die zum Nachdenken anregte. Am Hauptbahnhof ging es weiter per Taxi zur alten Jugendherberge in Oberkassel. Dort wartete auf die Studierenden aus Kansas bereits eine weitere Überraschung. Sie hatten nicht damit gerechnet, hier jungen Menschen aus ganz Europa, geschweige denn aus Asien, Afrika und Australien zu begegnen. Damit hatten die Studierenden ihre erste wahrhaft internationale, geradezu globale Erfahrung gemacht. Bis zu dem Zeitpunkt bestand der Kontakt mit kulturell Andersartigem überwiegend aus vorübergehenden Begegnungen mit Gastarbeitern aus Mexico, die angelockt von der Hoff-

Foto vor dem Filmmuseum 2005

nung auf Arbeit, sei es legal oder illegal, nach Amerika ausgewandert waren. Dementsprechend herrschte eine stets unterschwellige Angst vor Fremden in der Gruppe vor, die beinahe xenophobisch anmutete. Nach einigen Tagen in der Jugendherberge aber löste sich das Unbehagen geradezu in Nichts auf. Vor allem als wir gemütlich in der Mensa beim Frühstück oder Kaffee plauderten und dabei noch den Mitmenschen am Rhein beim Joggen, Hunde ausführen oder tief in Gedanken versunken vorbeiwandernd zusahen, begannen alle sich wohl zu fühlen. Ich hätte nicht gedacht, dass diese Wandlung sich bei den jungen Menschen aus der Weite der amerikanischen Prärie so schnell einstellen würde.

Während der folgenden Tage gewannen unsere kulturell nun aufgeschlossenen Studierenden immer neue Eindrücke von Düsseldorf, vor allem von der Altstadt. Im Laufe von wenigen Tagen fühlten sie sich in der nunmehr freundlich anmutenden Großstadt wohl, selbst nachts. Es stellte sich heraus, dass das neue Wohlgefühl an der Befreiung von der zum Alltag gehörigen Angst vor der sogenannten «amerikanischen Krankheit" lag; Waffengewalt und Amokläufe verschonen in den USA potenziell keinen Ort und das führt zur ständigen Wachsamkeit und zu Misstrauen gegenüber den Mitmenschen. Mir schien es, als wäre den jungen Amerikanern geradezu ein Stein vom Herzen gefallen. Obwohl sie es selbst nicht in Worte fassen konnten, war eine neue Gelassenheit und Zuversicht geradezu spürbar. Dementsprechend freuten sie sich darauf, sich weiter ins städtische Leben hinauszuwagen. Schon am ersten Tag hatten sie völlig unerwartete Eindrücke gewonnen. Nachdem sie den Anblick der Stadt gebührend gewürdigt hatten, machten sie sich zu Fuß über die Rheinkniebrücke in die City auf. Als sie die scheinbar endlose Parade von Luxusautos bestaunten, die mit rasender Geschwindigkeit an ihnen vorbeihuschten, freuten sie sich über eine einfache wie auch geniale Einrichtung am Ende der Brücke – die geschwungene, fußgängerfreundliche Rampe. So kamen sie am frühen Abend in die Altstadt, die eine unwiderstehliche Anziehungskraft auf die Studierenden ausübte. Sie verzichteten gerne auf eine Pizzeria zugunsten eines kleinen Restaurants mit traditioneller deutscher Kost. Somit galt der erste Tag in Düsseldorf als gelungen.

Am nächsten Tag lernten die Angereisten aus den USA weitere Sehenswürdigkeiten der Stadt kennen und schätzen. Die amerikanischen Studierenden waren überwältigt vom Reichtum der Baudenkmäler, selbst in einer modern wirkenden Großstadt. Aus einem Land stammend, in dem ein hundert Jahre alter Bau bereits als bewundernswert gilt, ein Gebäude aus der Mitte des siebzehnten Jahrhunderts schon Aufsehen erregt, konnten die Studierenden erfahren, dass Bauwerke aus vergangenen Jahrhunderten keinen Seltenheitswert haben und dazu noch bewohnt werden. Besonders imponierend fanden die jungen Musikliebhaber der Gruppe die Maximilian Kirche. Dort konnten sie ehrfürchtig zur Kirchenorgel hinaufschauen, auf der Robert und Clara Schumann sowie Felix Mendelssohn Bartholdy einst gespielt haben. In der Bilker Straße schien selbst das bescheidene Schumann-Haus, in dem das von Robert und Clara geschätzte Klavier noch heute zu sehen ist, eine gewisse Faszination auf die Studierenden auszuüben. Die manchmal unpersönlich und trocken anmutende Musikgeschichte wurde auf einmal greifbar und lebendig.

Im Laufe einer Woche gelang es unseren Studierenden, das reiche Angebot an Museen wenigstens zum Teil auszukosten. Unter allen erwies sich das Filmmuseum als unumstrittener Favorit, der den Ehrenrang bis heute noch genießt. Dort lernten selbst die eingeweihten Filmkenner der Gruppe noch einiges dazu.

Nachdem ich im Jahr 2004 eine Professur an der Truman State University im Bundesstaat Missouri annahm, ließ die nächste Reise nach Düsseldorf nicht lange auf sich warten. Im Sommer 2005 flog ich mit einer Gruppe aus St. Louis nach Europa, um einen dreiwöchigen Aufenthalt in Düsseldorf zu verbringen. Nach einer beschwingten Woche in der Jugendherberge Oberkassel bereiteten sich unsere Studierenden auf einen Umzug vor. Die jungen Amerikaner freuten sich auf ihren Aufenthalt in einem Studentenwohnheim für internationale Studierende. Unser Lehrbuch war das Leben in Deutschland und natürlich die Stadt Düsseldorf selbst. Natürlich machte die neue Gruppe hier ähnliche Erfahrungen wie die alte, doch gab es eine geradezu sensationelle Neuigkeit: der Wahlsieg einer Frau. Angela Merkel wurde als neugewählte Kanzlerin bestaunt, denn das galt damals bei den jungen AmerikanerInnen als unvorstellbar progressiv. Sie spekulierten, ob ihr eigenes Land auch dazu bereit wäre, eines Tages eine Frau als Präsidentin zu wählen. Den Neugierigen aus Kirksville, Missouri, gelang es auch, kulturelle Angebot aus der Umgebung Düsseldorfs zu würdigen wie etwa das Neanderthalmuseum. Begeistert von der neugewonnenen Kenntnis der oft übersehenden Menschlichkeit ihrer Vorfahren in der Evolution, begaben sie sich ins naheliegende Gasthaus. Ein Besuch im Neanderthalmuseum wurde zum festen Bestandteil aller künftigen Düsseldorfreisen. Im Jahr 2007 verbrachte eine andere Gruppe zwei Tage in Kaiserswerth. Die Sankt Suitbertuskirche wie auch die Ruinen der Kaiserpfalz, die Barbarossa ausbauen ließ, beeindruckten die Studierenden aufgrund der Jahrhunderte alten Geschichte. Insbesondere das Friedrich-Spee Denkmal sorgte für die Aktualität der Historie. Die Studierenden stellten den Kampf gegen die Hexenverfolgung im Spätmittelalter und der Frühen Neuzeit in den Rahmen der heute noch fortwährenden Gewalt gegen Frauen.

In den Jahren 2010 und 2013 erweiterte sich der Kulturhorizont der Studierenden mit Ausflügen nach Aachen, um die Begräbniskirche Karls des Großen zu besichtigen. Die Rückreise führte über Köln, dem die Gruppe einen Besuch abstattete. Das Römisch-Germanische Museum und das Schokoladenmuseum stießen auf besonders großes Interesse. Doch freuten sich alle darauf, nach Düsseldorf zurückzukehren, denn inzwischen war die Stadt für die amerikanischen Studierenden zu einem kleinen Stück Heimat geworden. Es ist jetzt an der Zeit, die nächste Generation Studierender auf den Besuch der Kulturstadt Düsseldorf vorzubereiten.

Was zieht ausländische Studierende an die Heinrich-Heine-Universität Düsseldorf?

Anne Gellert
(International Office der HHU)

Die Heinrich-Heine-Universität Düsseldorf (HHU) ist eine der jüngeren Hochschulen des Landes NRW – gegründet 1965. Seit 1988 trägt sie den Namen des großen Sohnes der Stadt. Heute finden auf dem modernen Campus rund 36.000 Studierende beste Bedingungen für das akademische Leben vor. Studierende können aus einem breiten Spektrum an Studiengängen und Abschlüssen wählen. Zahlreiche Angebote sichern eine umfangreiche Betreuung, die vor dem Studium beginnt und bis zum Berufseinstieg andauert.

Als Campus-Universität mit attraktiven Neubauten und mit kurzen Wegen sind alle Gebäude inklusive Universitätsklinikum und Fachbibliotheken fußläufig erreichbar. Derzeit studieren 4.100 Studierende mit nicht-deutschem Pass an der HHU. Sie kommen aus über 100 Ländern und stellen gut 11 Prozent der gesamten Studierendenschaft. Ein Teil von ihnen (245) sind nur für eine kurze Zeit mit Programmen wie zum Beispiel ERASMUS an der Universität Düsseldorf, andere bleiben für ein ganzes Studium an der HHU. Ein Drittel der Studierenden mit nichtdeutschem Pass hat das deutsche Abitur abgelegt. Dazu gehören vor allem Studierende türkischer oder russischer Herkunft. Viele internationale Studierende der HHU kommen aus der VR China, aus Italien, Bulgarien oder Griechenland.

Besonders beliebt bei internationalen Studierenden sind die Studiengänge Medizin, Informatik und Germanistik. Die Zahl der Bewerbungen übersteigt regelmäßig die Zahl der Studienplätze. Was macht die HHU in den Augen der Studienbewerber so attraktiv?

Das International Student Barometer (ISB) hat dazu die internationalen Studierenden und Doktorand*innen der HHU befragt. In erster Linie sind Forschung und Reputation der Institution wichtig für die Wahl des Studienortes. Aber auch die Landeshauptstadt Düsseldorf mit ihrer hohen Lebensqualität, dem breiten Kultur- und Freizeitangebot sowie ihrer Wirtschaftskraft ist förderlich für einen längeren Aufenthalt. Junge Menschen, die schon einmal hier gelebt haben (z. B. als Au pair), wollen oftmals bleiben oder kommen gern wieder.

Internationalen Studierenden gefällt die HHU ausnehmend gut. Das studentische Leben ist bunt und sehr aktiv. Das Erasmus Student Network Düsseldorf (ESN) ist eine gute Adresse für Freizeitgestaltung und soziale Integration. Auch die einzelnen Fächer schenken ihren internationalen Gästen viel Aufmerksamkeit. Es ist eine große Herausforderung, in einer fremden Sprache – Deutsch – ein ganzes Studium zu meistern und eine Abschlussarbeit zu schreiben. Internationale Studierende erhalten daher umfangreiche Unterstützung z. B. in spezifischen Tutorien und kostenlosen Deutschkursen, im zentralen Willkommensprogramm »feel-at-home« oder im Programm »uni2job«, das internationale Studierende auf die Zeit nach dem Abschluss vorbereitet.

Kurz gesagt, hinsichtlich der Studienbedingungen stimmt eigentlich alles. Nur die Wohnsituation könnte entspannter sein. Aber vor dieser Herausforderung stehen viele deutsche Großstädte, und eine Universität hat hierauf leider nur sehr begrenzt Einfluss.

Kunst im kosmopolitischen Kontext – die Kunstakademie Düsseldorf

Robert Fleck
(Prorektor der Kunstakademie Düsseldorf)

Folgende Situation: Sie sind als Kunsttheoretiker, der im Fachbereich 2 (»Kunstbezogene Wissenschaften«) der Kunstakademie Düsseldorf forscht und lehrt, von einem bekannten Künstler, der im Fachbereich 1 (»Kunst«) der gleichen Institution eine Klasse leitet, eingeladen, mit ihm zusammen die Jahresausstellung seiner Klasse für den »Rundgang« zu gestalten. Das ist die Jahresausstellung aller Studierenden und Klassen Anfang Februar, zu der an den fünf Tagen der Publikumsöffnung etwa 40.000 Besucher kommen.

Die Ausstellung der Klassen beim »Rundgang« ist ein wesentliches Ereignis jedes Studienjahres. Jede Klasse will die beste sein, denn es kommt ein sehr internationales Publikum von Galeristen außerhalb Europas eigens zu diesem Ereignis zur Talente-Schau. Dieser letzte Umstand ist für die Studierenden sehr positiv, aber auch nicht unproblematisch. Umso konzentrierter werden die für die Ausstellung bestimmten Werke gemeinsam mit den Studierenden ausgewählt und auf die Wände der meist drei Räume verteilt, die jeder Klasse auch im übrigen Studienjahr zur künstlerischen Arbeit und ihrer Diskussion im Klassenzusammenhang zur Verfügung stehen.

In dieser Situation sagt man sich dann auf einmal: »Es ist schon verrückt, und das gibt es nur in diesem Haus. Jetzt stehen wir hier an der Wand mit fünf Studierenden. Der Klassenleiter ist ein österreichischer Künstler, der unter anderem sein Land bei der Biennale in Venedig vertrat. Links steht ein Japaner, neben ihm eine Koreanerin. Sie lernten sich an der Kunstakademie kennen und sind liiert, der konfliktreichen Geschichte ihrer beiden Herkunftsländer zum Trotz. Daneben steht ein Georgier. Er kam zum Studium nach Düsseldorf und ist jetzt hier mit einer Deutschen verheiratet. Der Tutor, der beim Ausstellungsaufbau mitarbeitet, ist US-Amerikaner, wurde von seinem Lehrer von einer Universität in Indiana nach Düsseldorf geschickt, wird bald eine Deutsche heiraten und wie alle anderen auch nach dem Studium hier in Düsseldorf bleiben. Neben ihm steht eine deutsche Studentin, die von einer anderen Kunstakademie überwechselte, an der es nur vereinzelt ausländische Kommilitonen gab. Sie profitiert von dem hier üblichen kosmopolitischen Umfeld. In dieser Künstlerklasse gibt es darüber hinaus Studierende aus Bulgarien, Russland, Brasilien, den Niederlanden und Mexiko. Unter den Studierenden auch der anderen Künstlerklassen findet man Vertreter vieler verschiedener Länder – das ist die Kunstakademie Düsseldorf. Wie schön, in solch einem internationalen Zusammenhang zu arbeiten. Eine solche Universalität erlebt man sonst nur, wenn man die Aufgabe hat, eine größere Biennale zu kuratieren.«

Die Kunstakademie Düsseldorf ist gerade in Hinsicht auf ihre Internationalität ein einzigartiges Haus. Mehr als die Hälfte aller Studierenden kommt aus dem Ausland, ebenso ein Drittel der Professoren (den Autor inbegriffen). Die Studierenden stammen aus mehr als fünfzig Staaten. Es gibt gleichwohl kein Programm, um ausländische Studierende anzuziehen. Schon bei den Bewerbern für das Aufnahmeverfahren, das alljährlich im Frühjahr stattfindet, ist mehr als die Hälfte der rund tausend Kandidaten von nichtdeutscher Herkunft. Viele ausländische Studierende haben ein abgeschlossenes oder teilweise absolviertes Erststudium im Bereich der Kunst in ihrem Heimatland hinter sich, sind also vergleichsweise älter als durchschnittliche Studenten. Viele von ihnen berichten, dass sie entweder von Lehrern im Erststudium (das gilt auch für Studienwechsler innerhalb Deutschlands) oder von früheren Absolventen der Kunstakademie, die in ihrem Heimatland Professuren innehaben, auf die traditionsreiche Institution hingewiesen wurden. Gleichzeitig sind auch die deutschen Studierenden oft etwas älter als die Studierenden beispielsweise an französischen Kunsthochschulen, weil sie in zahlreichen Fällen eine handwerkliche Lehre absolviert und dank des dualen Systems den Weg in die Hochschule gefunden haben – in den meisten anderen europäischen Ländern undenkbar – oder weil sie ein anderes Studium absolviert haben und anschließend, da es keine Altersgrenze für den Studieneintritt gibt – der in Frankreich dagegen aktuell auf 25 Jahre festgelegt ist – ein Studium der freien Kunst beginnen. Es war Markus Lüpertz, der als langjähriger Rektor (1988-2009) gegenüber dem Land Nordrhein-Westfalen durchsetzte, dass die Kunsthochschulen das Bologna-System (gestufte Studiengänge, Bachelor und Master) lediglich für die Lehramts-Studierenden, nicht aber für das Studium der freien Kunst zu übernehmen haben. Dieser Umstand verschafft der Kunstakademie Düsseldorf, wie den anderen Kunsthochschulen des Landes, einen Standortvorteil ungeheuren Ausmaßes gegenüber nahezu allen anderen Studienorten für Kunst in Europa.

Die Kunstakademie Düsseldorf hatte seit ihrer Gründung im Jahr 1773 und seit ihrer Wiederbegründung 1819 als Königliche Preußische Kunstakademie berühmte Lehrer und Schüler, darunter Schadow, Cornelius, Rethel, Achenbach, Lehmbruck, Klee, Mataré, Goetz, Mack, Piene, Uecker, Beuys, Richter, Polke, Walther, Palermo, Knoebel, Schütte, Fritsch, Becher, Sieverding, Paik, Buren, Graubner, Kounellis, Trockel, Ruff, Gursky, Doig, Grosse, Rissa. In der Baukunst wäre bspw. Hollein, Ortner und Ungers zu nennen, unter den Kunsthistorikern und Philosophen Eduard Trier, Werner Spies, Oswald Wiener und Siegfried Gohr – um jetzt nur von sehr bekannten Namen und nicht von den aktuellen Professoren und Professorinnen zu sprechen. Der Anteil der Professorinnen nahm in den letzten fünfzehn Jahren übrigens in bedeutender Weise zu. Im Kollegium haben die deutschen Staatsbürger weiterhin eine deutliche Mehrheit.

Die Kunstakademie Düsseldorf war nie die »aktuellste« oder »schickste« Akademie in Deutschland. Sie war nie diejenige, die am engsten mit dem Zeitgeist verbunden war – obwohl dieser per se für alle Beteiligten mit im Blickwinkel steht. Die Hochschule für Bildende Künste Dresden, um nur wenige Jahre älter als die Kunstakademie Düsseldorf, nahm diese Funktion seit ihrer Gründung deutlicher wahr, ebenso wie in der zweiten Hälfte des 19. Jahrhunderts die Kunstschule Weimar, die jüngere Gründung des deutschen Liberalismus sowie die Städelschule in Frankfurt am Main, welche gleichen Ursprungs ist. Diese Ausrichtung setzt sich bis in die Gegenwart fort. Was die Kunstakademie Düsseldorf ausmacht, das ist die lange und ununterbrochene Tradition künstlerischen Schaffens auf hohem, international wahrgenommenen Niveau: Die Düsseldorfer Malerschule der zweiten Hälfte des 19. Jahrhunderts zog viele Studenten aus Übersee an, ebenso wie später Beuys und die Düsseldorfer Fotoschule, die alle in der Kunstakademie verankert sind. Daraus ergab sich der kollektive Wille, diese Tradition kongenial weiterzuführen, der Exzellenzwille, der sich an der künstlerischen Bedeutung der Absolventen messen lässt sowie die befruchtende Internationalität, die bereits im Vorgang ihrer Gründung angelegt ist.

Der Düsseldorfer Künstler Lambert Krahe trug im Rom der Mitte des 18. Jahrhunderts eine einzigartige Sammlung von Zeichnungen und Drucken von Künstlern der gesamten abendländischen Welt zusammen, die nicht als Sammlung von Meisterwerken angelegt ist, sondern als Sammlung von Werkzuständen, an denen junge Menschen sehen und lernen sollen, wie gute Kunst entsteht. Aus dieser historischen Sammlung ging die Kunstakademie Düsseldorf hervor. Sie befindet sich nach wie vor im Eigentum der Kunstakademie und repräsentiert wie diese Kunst ohne Ländergrenzen. In den frühen handschriftlichen Bestandsverzeichnissen stehen Tintoretto, Rubens, Velasquez und Dürer buchstäblich auf einer Seite.

Internationalität an der Hochschule Düsseldorf (HSD)

Simone Fischer
(Dezernentin Kommunikation und Marketing an der Hochschule Düsseldorf)

Die Hochschule Düsseldorf (HSD) ist eine moderne Bildungseinrichtung mitten in der lebendigen Landeshauptstadt Nordrhein-Westfalens, die sich einerseits eng ihrem lokalen Standort und der Region verbunden fühlt, aber auch umfangreiche Kontakte in den Bereichen Studium, Lehre und Forschung zu zahlreichen internationalen Partnereinrichtungen aus den Bereichen Hochschule, Wirtschaft, Industrie, Kultur, Verbänden und sozialen Institutionen pflegt. Seit November 2015 ist die Hochschule Düsseldorf auch Mitglied der European University Association (EUA), die rund 850 Hochschulen in Europa repräsentiert – unter anderem mit Informationen über neue Entwicklungen und politische Entscheidungen europäischer Politik, die unmittelbare Auswirkungen auf Lehre und Forschung an den Hochschulen haben. Ebenfalls im Jahr 2015 hat die HSD eine Internationalisierungsstrategie entwickelt, die verschiedene Perspektiven sowie vorhandene Stärken aufgreift und insbesondere darauf abzielt, das internationale Potenzial der Hochschule zu aktivieren, zu fördern und somit noch stärker nutzbar zu machen.

Gegründet wurde die HSD am 1. August 1971 unter dem Namen Fachhochschule Düsseldorf. Vor dem Hintergrund der Bildungsreformen der 1960er und 1970er Jahre entstand sie aus dem Zusammenschluss mehrerer bis dahin eigenständiger, renommierter Vorgängerinstitutionen – darunter die Staatliche Ingenieurschule, die Peter-Behrens-Werkkunstschule, die Höhere Fachschule für Sozialarbeit und die Düsseldorfer Außenstelle der Höheren Wirtschaftsfachschule Mönchengladbach. Mit rund 11.000 Studierenden und rund 200 Professorinnen und Professoren ist die Hochschule Düsseldorf heute eine der größten Hochschulen für angewandte Wissenschaften in Nordrhein-Westfalen. Sie bietet ihren Studierenden innovative Studiengänge auf Bachelor- und Master-Niveau, eine an der beruflichen Praxis orientierte Lehre und Forschung mit engen Kontakten zu Wirtschaft und Industrie, eine moderne Ausstattung sowie ein freundliches und interkulturelles Lernumfeld.

Mit 42 Studiengängen an sieben Fachbereichen hat sie ein umfangreiches und differenziertes Studienangebot, dessen Profil durch anwendungsorientierte und fächerübergreifende Lehre geprägt wird. Schwerpunkte, die das Spektrum der Hochschule bestimmen, liegen in den Bereichen Architektur, Design, Elektro- und Informationstechnik, Maschinenbau und Verfahrenstechnik, Medientechnik und Medieninformatik, Sozial- und Kulturwissenschaften sowie Wirtschaftswissenschaften.

An ihrem Standort im Stadtteil Derendorf hat die Hochschule seit einigen Jahren ein attraktives Quartier gefunden, das neben den hochmodernen Gebäuden für innovative Lehre und Forschung mit Grünanlagen und Aufenthaltsflächen eine offene Campus-Atmosphäre bietet, die alle Hochschulangehörigen ebenso wie die Öffentlichkeit zum generations- und fachübergreifenden Austausch einlädt – nicht zuletzt auch die vielen internationalen Studierenden.

Forschung und Transfer

Durch die breiten Berufserfahrungen der Dozentinnen und Dozenten in Wirtschaft, Industrie und Forschung ist eine enge Verbindung der angebotenen Lehre zur Praxis gewährleistet. Die Hochschule Düsseldorf ist daher auch ein kompetenter Forschungs- und Entwicklungspartner. So agiert sie gleichermaßen als Partner für Entwicklungs- und Forschungsaktivitäten mit lokalen, regionalen und nationalen Unternehmen, Einrichtungen und Verbänden wie auch auf dezidiert internationaler Ebene.

Am Fachbereich Architektur etwa gibt es vielfältige internationale Kooperationen, die in Zusammenarbeit mit lokalen Akteuren durchgeführt werden. Ein besonderes Projekt ist zum Beispiel das Guga's Thebe Theatre in Südafrika. Lehrende und Studierende haben sich hier vor einigen Jahren sowohl beim Entwurf als auch bei der Planung und der Bauausführung für die Erweiterung eines Kunst- und Kulturzentrums in Kapstadt beteiligt. Fertiggestellt wurde das Guga's Thebe Theatre im Jahr 2015 und ist seitdem eine Anlaufstelle für Künstler, Kinder und Jugendliche wie auch für Touristen und wird für Musik-, Tanz und Theaterkurse und vieles mehr genutzt.

In einem anderen Projekt beschäftigen sich rund 50 Studierende der Fachbereiche Architektur und Design seit Anfang 2015 mit dem Entwurf und der Konstruktion einer Hebammenschule mit Wohnheim in Ghana. Hier werden deutsche und ghanaische Hebammen sowie Ärzte gemeinsam lernen, lehren und arbeiten. Ein weiteres soziales Architekturprojekt führte eine andere Gruppe aus dem Fachbereich in den Senegal, wo sie einen Stadtteil für Flüchtlinge entworfen haben. Das Konzept beinhaltet Wohnungen für rund 1800 Menschen, deren Anlage auf wechselnde Bevölkerungszahlen und die speziellen Familienstrukturen reagieren kann.

Auch zu aktuellen Fragen des Klimawandels wird an der HSD in grenzübergreifenden Kooperationen geforscht: Im »Projekt für innovative Energieprodukte – EnerPRO« werden kleine und mittelständische Unternehmen der deutsch-niederländischen Grenzregion gefördert, die energiesparende und CO_2-arme Technologien entwickeln. Federführend wird dies am Fachbereich Maschinenbau und Verfahrenstechnik koordiniert und mit Partnern aus Forschungseinrichtungen und Organisationen im Grenzgebiet umgesetzt. Ziel ist es, ressourcenschonende Technologien voranzutreiben und den Anteil erneuerbarer Energien zu erhöhen.

Ebenfalls am Fachbereich Maschinenbau und Verfahrenstechnik ist das »Erasmus+«-Projekt »ELIC - Engineering Literacy Online - Teachers as Medium for Change« angesiedelt. Ziel des Projektes ist die Entwicklung eines Weiterbildungsprogrammes für Lehrerinnen und Lehrer von naturwissenschaftlichen Fächern an weiterführenden Schulen. Durch innovative Lehrmethoden und die interdisziplinäre Einbindung von Fragestellungen und Themen aus Industrie und Hochschule soll das Interesse der Schülerinnen und Schülern geweckt und ein realistischeres Bild von einem ingenieurwissenschaftlichen Studium sowie den späteren Tätigkeiten von Ingenieur/innen vermittelt werden.

Der Fachbereich Elektro- und Informationstechnik wiederum nimmt seit einigen Jahren am Projekt »Smart Production« in Kooperation mit 14 Projektpartnern aus der deutsch-niederländischen Grenzregion teil. Dieses Projekt wird im Rahmen des INTERREG-Programms Deutschland-Nederland durchgeführt und mit rund 4,2 Millionen Euro durch die Europäische Union, die Wirtschaftsministerien des Landes Nordrhein-Westfalen und der Niederlande sowie die niederländischen Provinzen Friesland, Gelderland und Overijssel mitfinanziert. Der konkrete Part seitens der HSD hat dabei die Steigerung der Produkt- und Prozessinnovationen mittels innovativer Qualitätskontrollen von Oberflächen zum Ziel.

Im Bereich der Sozial- und Kulturwissenschaften ist exemplarisch das Projekt DARE - Dialogue about Radicalisation and Equality (HORIZON 2020) zu nennen. Das EU-Projekt bringt Forschende und Akteure der Zivilgesellschaft aus neun EU- und vier Nicht-EU-Staaten mit dem Ziel zusammen, Radikalisierungsprozesse von Jugendlichen in islamistischen und extrem rechten Kontexten angemessen in ihren räumlichen, historischen und politischen Zusammenhängen zu verstehen und auf dieser Grundlage wirksame Interventionsansätze zu entwickeln. Daneben gilt es, die Interaktionen und kumulativen Effekte zwischen Islamismus und Rechtsextremismus zu untersuchen und Prozesse der Nicht-Radikalisierung als wichtige Ressource für Interventionsansätze zu analysieren.

Studium und Lehre

Die Hochschule Düsseldorf beteiligt sich mit rund 170 europäischen und außereuropäischen Hochschulabkommen sowie durch Teilnahme an Kongressen und Sommerschulen am internationalen Austausch von Studierenden und Dozent/innen.

Das International Office der HSD ist in seiner Beratungs- und Koordinationsfunktion darum bemüht, möglichst viele studien-, praxis-, und forschungsbezogene Auslandsaufenthalte durch kompetente Betreuung zu fördern. Neben einer intensiven Beratung werden Veranstaltungen zum Studium und Praktikum im Ausland organisiert sowie Fördermöglichkeiten kommuniziert und angeboten. Die Organisation und Betreuung von Auslandsaufenthalten findet in enger Zusammenarbeit mit den Auslandsbeauftragten in den Fachbereichen statt. In der Orientierungswoche zu Semesterbeginn erfahren zudem auch die »Incomings« besondere Unterstützung, die sich in Form von Deutschkursen und kulturellem Angebot auch studienbegleitend fortsetzt. In Zusammenarbeit mit dem Studierendenwerk werden ihnen darüber hinaus Unterkünfte zur Verfügung gestellt. Auch die Dozentenmobilität wird durch die Anerkennung von Lehrleistungen im Ausland und organisatorische Hilfe seitens der Fachbereiche und des International Office unterstützt.

Zusätzlich bieten die einzelnen Fachbereiche der Hochschule ihren Studierenden vielfältige Programme und Möglichkeiten, während des Studiums Auslandserfahrung zu sammeln. So sind in vielen Studiengängen Mobilitätsfenster in den Studienverlauf integriert, die die Studierenden entweder für ein Studium an einer ausländischen Partnerhochschule oder für ein Praktikum bzw. Praxissemester in einem ausländischen Unternehmen oder einer ausländischen Einrichtung nutzen können. Alle Modulbeschreibungen werden zudem ins Englische übersetzt und auf der Internetseite der HSD veröffentlicht. Auch die englischsprachige HSD-Webseite wird fortlaufend erweitert und mit ausführlichen Informationen zu den internationalen Studienangeboten angereichert.

Daneben gibt es an allen Fachbereichen spezifische Programme, die den Studierenden zusätzliche Möglichkeiten der Auslandserfahrung bieten. Der Fachbereich Architektur etwa führt in jedem Semester Projektwochen durch, die die Studierenden häufig ins nahe oder weitere Ausland führen: Die »Extra Muros«-Woche als Exkursion im Sommersemester und die »Intra Muros«, ein Workshop-Angebot im Wintersemester, ermöglichen den Teilnehmern, über Hochschul- und Landesgrenzen hinweg Orte und Inhalte unter speziellen Gesichtspunkten kennenzulernen. Eine wichtige Rolle in der Ausrichtung des Studiums spielt auch die internationale Gastprofessur. Renommierte Dozentinnen und Dozenten aus dem Ausland lehren für jeweils ein Semester an der Hochschule und vermitteln den Studierenden innovative Impulse für ihre eigene künstlerische Weiterentwicklung. Am Fachbereich Design beteiligen sich ebenfalls Studierende an zahlreichen Projekten, Kampagnen und Wettbewerben, für die sie häufig mit hochrangigen internationalen Preisen ausgezeichnet werden. Hierzu gehört auch die Konzeption und Durchführung von Messeauftritten und Ausstellungen, häufig im internationalen Kontext.

Auch die Studiengänge an den technischen Fachbereichen sind sowohl an der Wirtschaftsstruktur der Region wie auch an einem internationalen Anforderungsprofil orientiert. Neben der Vermittlung von Wissen zur Theorie der Natur- und Ingenieurwissenschaften wird großer Wert auf die praktische Anwendung des Gelernten in Laborversuchen gelegt. Zahlreiche Forschungs- und Entwicklungsprojekte, die die Fachbereiche Elektro- und Informationstechnik, Maschinenbau und Verfahrenstechnik sowie Medien nicht nur mit der regionalen und überregionalen Industrie, sondern auch internationalen Unternehmen durchführt, bieten den Studierenden die Möglichkeit, frühzeitig Praxiserfahrung zu sammeln.

Der Fachbereich Sozial- und Kulturwissenschaften baute erst 2019 die Kooperation mit der marokkanischen Universität Fès und Praxisstellen weiter aus. Darüber hinaus ist die Unterzeichnung eines Memorandum of Understanding zwischen dem Fachbereich und der School of Social Work an der University of Haifa in Planung. Im selben Zeitraum nahmen 20 Studierende des Fachbereichs am internationalen Seminar »Brains on the move« der AP Hogeschool, Antwerpen, teil. Die Vorträge, Präsentationen und Diskussionen in Kleingruppen fanden gemeinsam mit niederländischen und belgischen Studierenden statt. Ziel der Veranstaltung war es, Debatten zu gesellschaftspolitischen Themen zu analysieren, zu verstehen und eine eigene Haltung zu entwickeln.

Der Fachbereich Wirtschaftswissenschaften schließlich bietet mit seinem Studiengang International Management eine speziell auf die beruflichen Voraussetzungen betriebswirtschaftlicher Kenntnisse im internationalen Kontext abgestimmte Ausbildung an. Innerhalb von nur sieben Semestern führt die Hochschule ihre Studierenden zu einem berufsbefähigenden Abschluss, der auf der Grundlage einer fundierten betriebswirtschaftlichen Ausbildung ideal auf die Belange der internationalen Wirtschaft bezogen ist. Zusätzlich erlernen sie mindestens zwei Wirtschaftsfremdsprachen und werden mit den essentiell wichtigen internationalen Soft Skills vertraut. Sechs Semester finden am Standort Düsseldorf statt, ein Semester wird an einer internationalen Partnerhochschule abgelegt.

Traumstadt Düsseldorf?

Internationale Eindrücke von der Rheinmetropole. Eine Online-Umfrage[1]

Susan Tuchel
(Textpublik)

Jedes Jahr kommen viele tausend qualifizierte und motivierte junge Leute aus der ganzen Welt nach Düsseldorf. Nicht um sich als Touristen in der Stadt umzuschauen, sondern um die deutsche Sprache zu erlernen. Viele von ihnen streben ein Sprachniveau an, das es ihnen ermöglicht, in Deutschland zu studieren, eine Ausbildung anzufangen oder zu arbeiten. Manche kommen zunächst für einen Monat, manche möchten gerne länger bleiben, einige kommen im nächsten Jahr wieder. Andere bleiben drei bis sechs Monate, um am Ende gut Deutsch zu sprechen und eine Sprachprüfung für die Aufnahme an einer Universität abzulegen. Wieder andere besuchen einen Integrationskurs oder nutzen berufsspezifische Sprachangebote wie »Deutsch für Medizin und Pflege« sowie Lehrerfortbildungen.

1 Für die freundliche Unterstützung bei der Durchführung der Online-Umfrage danke ich Miriam Märthesheimer vom IIK Düsseldorf.

Wie erleben diese Sprachstudenten aus aller Herren Länder die Landeshauptstadt Nordrhein-Westfalens? Wo halten sie sich am liebsten auf? Mit welchem Bild von Düsseldorf reisen sie an, mit welchem reisen sie wieder ab? Welchen Eindruck machen die Düsseldorfer Bürger auf sie?

Fragen, auf die junge Menschen bereitwillig und schnell Antworten geben, wenn sie eine Zeitlang in der Stadt leben, weil sie z. B. beim Institut für Internationale Kommunikation e.V. (IIK) an einem Intensivkurs für Deutsch als Fremd- und Zweitsprache teilnehmen. Im Institut an der Eulerstraße in Pempelfort laufen viele Fäden zusammen, wenn man fremden Blicken auf die Stadt nachspüren möchte.

Gegründet im Jahr des Mauerfalls 1989 als Spin-off der Heinrich-Heine-Universität ist das IIK heute eine deutschland- und weltweit erfolgreiche Bildungsinstitution an der Schnittstelle zwischen Hochschule, Wirtschaft und Gesellschaft. In den über 30 Jahren ihres Bestehens zog es mehr als 70.000 überwiegend junge Menschen aus über 100 Ländern nach Düsseldorf und an den zweiten Standort des Instituts in Berlin.

Allein im Jahr 2019 gab es über 4.400 Kursteilnehmer und über 5.200 Prüfungskandidaten und jede und jeder von ihnen entwickelte eine eigene Sicht, einen eigenen Blick auf die Stadt. Sie alle haben während des intensiven Sprachunterrichts hier in der Stadt gelebt, bei Gasteltern, in einer Wohngemeinschaft oder in einem Appartement (auch für die Unterbringung der Teilnehmer sorgt das IIK) sowie am Freizeitprogramm des Instituts und am städtischen Leben in der Freizeit und an den Wochenenden teilgenommen.

Und dann kam Corona. Das ursprüngliche Vorhaben, Interviews vor Ort zu führen und Fragebögen in den Kursen zu verteilen, war auf einmal nicht mehr möglich. Das IIK musste sich binnen kürzester Zeit ein neues digitales Unterrichtskonzept einfallen lassen, weil die angemeldeten Kursteilnehmer nicht mehr in ein Flugzeug nach Düsseldorf steigen konnten. Aus der persönlichen Befragung wurde darum ein Online-Fragebogen, der im Rahmen des digitalen Deutschunterrichts anonym und datenschutzkonform an die Sprachstudenten gemailt wurde.

Die Teilnehmer der Studie

131 Sprachkursteilnehmer aus 41 Ländern beteiligten sich an der Umfrage im Mai 2020. Eine Hälfte kommt aus der Türkei (10 %), Tunesien (9 %), China (8 %), Russland (7 %), Jordanien (7 %), Indien (6 %) und Syrien (6 %). Die andere Hälfte stammt aus Großbritannien und Nordirland, Mexiko, den Vereinigten Staaten, Albanien, Korea und 29 weiteren Ländern.

Die Frauenquote bei den Teilnehmenden ist überdurchschnittlich hoch: 54 Prozent der Befragten sind weiblich, 46 Prozent männlich. 59 Prozent der Befragten sind zwischen 19 und 26 Jahre alt. Sie alle kennen die Stadt von einem früheren Aufenthalt oder weil sie mittlerweile hier leben. 60 Prozent waren länger als drei Monate in Düsseldorf. 29 Prozent blieben für einen Monat. Ihre Eindrücke gehen zurück auf den Zeitraum ihres tatsächlichen Aufenthaltes in der Stadt.

Warum sie ausgerechnet in Düsseldorf gelandet waren, obwohl sicher nicht jeder von ihnen wusste, wo Düsseldorf ganz genau liegt? 52 Prozent der Teilnehmer wurde das IIK in Düsseldorf von Absolventen oder Sprachlehrern empfohlen. 39 Prozent der Befragten haben bereits Verwandte oder Freunde in der Stadt oder Region. 15 Prozent hatten schon Gutes über Düsseldorf gehört, 12 Prozent waren schon zuvor einmal in Düsseldorf.

Snobs und die geilste Altstadt Deutschlands

Mit welchem Bild von Düsseldorf kamen die überwiegend doch sehr jungen Menschen aus dem Ausland hierher? Bei einigen herrschte blanke Unkenntnis. »Ich wusste vorher gar nichts über Düsseldorf«, bekannten Teilnehmer aus China, Japan, Indien, aus Mauritius, der Türkei und Syrien sowie eine Engländerin. Andere hatten von einer großen, andere von einer kleinen Stadt gehört. Auch dass es in Düsseldorf eine große japanische Gemeinde, immerhin die drittgrößte Europas, gibt, das war nicht nur einem japanischen Sprachstudenten, sondern auch einem Studierenden aus Albanien geläufig.

Eine Sprachstudentin aus der Türkei verband mit Düsseldorf Messen und Mode. Sie stellte sich Düsseldorf vor wie Paris, mit Menschen in teurer Kleidung und mit teuren Taschen. Die übrigen Kommentare waren u. a.:

»Eine sehr reiche Stadt«, »die schönste Stadt in ganz Deutschland. Wenn man eine Zeitlang in Düsseldorf lebt, dann wird es die Stadt deines Herzens«, »eine internationale Stadt, wo viele Leute aus verschiedenen Kulturen leben«. Eine 25-jährige Chilenin schrieb: »Ich wusste auch, dass Düsseldorf die längste Straße mit Kneipen in ganz Europa hat. Ich wusste auch, dass es in Düsseldorf üblich ist, Junggesellenabschiede zu feiern.«

Mancher Kommentar liest sich wie eine Liebeserklärung, so wie der einer Jordanierin: »Ich wusste, dass es eine schöne Stadt ist, aber ich hätte nicht gedacht, dass sie so schön sein würde! Ich habe die Menschen dort geliebt, die Systeme und das ganze Leben! Ich wünschte, ich könnte dort mein Praktikum machen!« Ein 20-jähriger Tunesier fand Düsseldorf »schön, modern, hat nette Einwohner und verfügt über die geilste Altstadt Deutschlands«.

Aber auch das eine oder andere Vorurteil steckte in den Köpfen der Befragten: »Ich wusste nicht viel über die Stadt, außer dass mir gesagt wurde, dass die Menschen dort Snobs seien. Aber ich fand, dass sie das genaue Gegenteil waren, und das machte es mir leichter, mich einzuleben und mich an das Leben in Deutschland zu gewöhnen«, schrieb eine Studentin aus Südafrika.

Warum ist es am Rhein so schön?

Nach einem längeren Aufenthalt sieht man die Stadt natürlich mit anderen Augen. Auf die Frage »Wie beurteilen Sie Düsseldorf jetzt?« konnten die Teilnehmer der Umfrage unter verschiedenen Attributen wählen: ob sie Düsseldorf eher schön, lebendig, grün, spannend, groß, weltoffen oder aufregend (Mehrfachnennungen waren möglich) oder zugebaut, klein, langweilig oder hässlich finden.

Die gute Nachricht zuerst. Hässlich fanden die Stadt weniger als 1 Prozent der Befragten. 85 Prozent finden Düsseldorf schön, für 49 Prozent ist sie eine lebendige, für 46 Prozent eine grüne Stadt. 10 Prozent wurde sie dann doch zu langweilig, spannend fanden sie hingegen 42 Prozent. 31 Prozent erschien sie auch nach ihrem Aufenthalt noch groß, 17 Prozent fanden sie dann doch eher klein. 28 Prozent bescheinigten ihr Weltoffenheit. 20 Prozent erschien sie dann doch zugebaut. 27 Prozent erklärten sie auch nach ihrem Aufenthalt noch für aufregend.

Michele Giacometti (24) aus Italien kam mit seiner Fotografie des K21 am Kaiserteich auf Platz 1.

Neben den schriftlichen Antworten der Online-Umfrage soll an dieser Stelle auch auf die kreativen Aktivitäten der Sprachschüler während ihres Aufenthaltes hingewiesen werden. Um herauszufinden, was jungen Menschen, die Düsseldorf besuchen, besonders ins Auge fällt, lobte das IIK im Mai 2019 einen Fotowettbewerb unter seinen Sprachstudenten aus. Das Motto der Ausschreibung lautete: »So grün ist Düsseldorf«. Aus den 52 eingereichten Fotos wurden vier Bilder prämiert. Sie zeigen die Lieblingsorte der Preisträger und das hebt die Aufnahmen weit über das Niveau touristischer Schnappschüsse.

Lieblingsorte

Wohin es die Wahl-Düsseldorfer während ihrer Zeit vor Ort am meisten hinzog? Auch das hat die Umfrage herausgefunden: Die meisten liebten es am oder auf dem Rhein zu sein. Immer wieder genannt wurde auch die Altstadt. Eine Brasilianerin (26) schrieb: »Mein Lieblingsort in Düsseldorf

Alessia Ubaldi aus Italien errang den dritten Platz für ihr Foto vom Rheinufer.

ist die Altstadt. Ich mag die Atmosphäre und natürlich Altbier und Killepitsch.«

Sechs Teilnehmer hatten die Königsallee zu ihrem Lieblingsort gewählt, anderen gefiel es besonders gut im Medienhafen, aber auch der Japanische Garten, die Parkanlagen und Benrath fanden sich in vielen Aufzählungen ebenso wie der Hofgarten und sogar das IIK. Da hatte es einer 20-jährigen Russin ganz besonders gut gefallen.

Lost Places?

Auch nach Orten, die die ausländischen Sprachstudenten während ihres Aufenthaltes womöglich gemieden haben, wurde gefragt. 106 der 131 Befragten beantworteten diese Frage. Für 29 Befragte gab es keine No-go-Areas. Eine 22-jährige Italienerin, die zwei Monate hier gelebt hat, bemerkte: »Düsseldorf ist eine große Stadt, aber sie ist gut kontrolliert. Die Polizei ist immer anwesend und mir ist noch nie etwas Schlimmes

Einen der beiden zweiten Plätze gewann Kamakshi Priyadarshini Meenakshi Sundaram aus Indien mit seiner Fotografie des Hofgartens.

passiert. Natürlich ist es immer besser, Gesellschaft zu haben, besonders nachts.« Eine 26-jährige Albanerin schrieb: »Nein, alles ist schön in Düsseldorf.«

Gemieden wurden von einigen der Befragten die Rückseite des Hauptbahnhofs, das Areal der Obdachlosen und Drogensüchtigen neben der Eisenbahnlinie, aber auch Eller und Bilk war nicht allen immer geheuer. Eine 39-jährige Amerikanerin hatte sich während ihres Aufenthalts in den Vororten nicht wohlgefühlt. Ein 31-jähriger Iraker mied die Altstadt und den Nordpark.

Düsseldorfer sind ...?

Auf die Frage, wie die Menschen, die in Düsseldorf leben, auf die Besucher aus fernen Ländern und Kontinenten wirken, kreuzten 69 Prozent das Attribut freundlich an. 53 Prozent erschienen die Einwohner hilfsbereit, 45 Prozent hielten sie für aufgeschlossen, 41 Prozent für tolerant,

Ebenfalls auf Platz 2 landete die Schäferidylle von Muhammad Raheef Alqawadri aus Syrien.

37 Prozent für offen und 34 Prozent für ernst. Die berühmte rheinische Fröhlichkeit hatten nur 26 Prozent der Befragten an den Düsseldorfern wahrgenommen. Spekulationen, ob dieser Punkt besser abgeschnitten hätte, wenn alle Befragten am rheinischen Karneval teilgenommen hätten, können an dieser Stelle durchaus angestellt werden. Als unfreundliche oder abweisende Zeitgenossen wurden sie nur von 9 Prozent der Befragten wahrgenommen.

Für 84 Prozent der Studienteilnehmer ist Düsseldorf eine attraktive Stadt, 67 Prozent hatten während ihres Sprachaufenthaltes Kontakt zu Düsseldorfern, fanden die internationale Verkehrsanbindung sehr gut (65 %) oder gut (30 %). Auch die öffentlichen Verkehrsmittel konnten mit den Noten sehr gut (69 %) und gut (22 %) punkten.

In ihrer Freizeit gingen 75 Prozent der Studenten in ein Restaurant oder eine Bar, 37 Prozent besuchten ein Museum, 28 Prozent gingen auf ein Sportevent und 21 Prozent ins Kino. Nur 9 Prozent statteten dem Theater oder der Deutschen Oper am Rhein einen Besuch ab.

Die besten Plätze

Auf die Frage, was sie einem Besucher aus ihrem Heimatland in Düsseldorf zeigen würden, antworteten die Sprachschüler: Die Altstadt, die Königsallee, Schloss Benrath, den Rhein, den Karneval, die Uhr vom Fernsehturm, den Schlossturm, die Immermannstraße (little Tokyo), den Medienhafen, den Wildpark, die Messe Düsseldorf, Museen, Cafés und Restaurants. Eine Italienerin (22) schrieb: »Ich würde die Düsseldorfer Weihnachtsmärkte zeigen. Die ganze Stadt wird magisch. In jeder Straße gibt es einen Geruch und Musik. Ich bin zwar keine Deutsche, aber damals fühlte ich mich in Düsseldorf zu Hause.«

Zurückdenken werden viele an den Rhein, das japanische Viertel, das japanische Essen, das Brot und die Bäckereien, den Karneval, die Kirmes, das Altbier und die Sprache. Eine Jordanierin (21) antwortete auf die Frage, was sie mit Düsseldorf verbinde: »Seine schönen Menschen, dann jeder Fleck dort. Leider war ein Monat nicht lang genug, um diese schöne Stadt mehr zu entdecken.«

Bei der letzten Frage an die Studierenden ging es um deren persönliche Eindrücke. Vervollständigt werden sollte der Satz »Düsseldorf ist eine Stadt … und hierauf gab es u. a. diese Antworten:

Düsseldorf ist eine Stadt …

- die in meinem Herzen bleibt
- für Menschen, die das Leben mögen
- incredible
- für jedes Alter
- in der man jeden Tag etwas Neues und Unerwartetes erleben kann. :)
- mit vielen Möglichkeiten und vielen Nationalitäten
- die ein Hub für NRW ist
- der Ordnung und des Spaßes zugleich
- is a sixth most livable city in the world. This city is a city of many multicultural programmes
- wo ich ein Teil meines Herz gelassen ist. Nachdem Quarantäne würde ich gern wieder nach Düsseldorf kommen
- der Ruhe.

- like its name. As Dorf means village in German, it has the beautiful nature and easy access to everything of a village but with great facilities and modern transportation means. Everything is within your reach from international Airport to different means of transportation
- der Mode
- in der ich viele Freunde kennengelernt habe. Düsseldorf ist meine erste Erfahrung in Ausland allein zu sein und zu wohnen. Düsseldorf ist besonders!
- die ich gerne mag und hier studieren will
- der Freiheit
- die geheimnisvoll ist. Die Geheimnisse soll man selbst entdecken!
- die jeder besuchen soll
- of contrast from the Cosmopolitan shopping to the excitement of Karnval and the quiet of Kaiserwerth
- die ganz ok ist
- in der es sich gut leben lässt
- in der ich mich zu Hause fühle. Sie hat eine sehr gute Lebensqualität
- die lebt und arbeitet
- voller Ausländer
- der Freude und Liebe
- voller Kunst und Gefühle
- die alt und lebendig ist

Alles in allem gesehen kann man festhalten, dass die IIK-Sprachstudenten bei aller Verschiedenheit ihrer Herkunftskulturen ein fast durchgehend positives Bild von der Landeshauptstadt gewonnen haben und dies – was weitaus größere Wirkung zeitigt – auch in die Welt transportieren. Die Brücke zwischen ihnen und den Einheimischen besteht in erster Linie im Erlernen der deutschen Sprache und in dem Zusammenleben von Ansässigen und Auswärtigen – eine Brücke, die Düsseldorf mit der Welt verbindet, eine Brücke, über die hoffentlich auch nachfolgende Generationen gehen werden.

ZUM UMGANG MIT DEN SCHATTEN DER VERGANGENHEIT

Das KZ im Volksgarten

Dieter Forte
(Das Haus auf meinen Schultern)[1]

Das KZ lag im Volksgarten neben dem Stoffeler Friedhof, zwischen dem Stoffeler Kapellchen und der Konzertmuschel mit dem träumenden See, der von Vergangenem erzählte, davon, wie Maria in einem Ruderboot Friedrich ihren Heiratsantrag machte, von den sommerlichen Ruderabenteuern und den winterlichen Schlittschuhläufen des Jungen, während die Muschel des Musikpavillons stumm blieb, gelegentlich hörte man von dort die Mundharmonika eines Soldaten, meistens das unharmonische Echo der Bomben, der Flak, der Schüsse aus dem KZ. Auf der Ballonwiese hatte sich eine schwere Flakbatterie eingegraben, für Verliebte war da kein Platz mehr, der Park war zu einer Todeslandschaft mit abgeholzten Bäumen und Splittergräben zwischen Gemüse- und Kartoffelanpflanzungen geworden. Nur auf dem Stoffeler Friedhof herrschte Leben, er wurde benötigt wie nie zuvor, die Erde nahm geduldig all die Toten auf, Helden und Opfer versanken in ihrer unerschöpflichen mütterlichen Güte, die jeden in ihre Arme nahm, Gebein zu Gebein, Asche zu Asche,

[1] Dieter Forte, Das Haus auf meinen Schultern. © S. Fischer Verlag GmbH, Frankfurt am Main 1999. Abdruck mit freundlicher Genehmigung des Verlags, S. 486-493.

ohne Musik und Totenrede, hastig und in aller Eile und in Angst vor dem nächsten Bombenangriff. Die frischen Gräber paradierten in ordentlichen Reihen, bildeten Quadrate und Rechtecke, nannten sich Feld achtzehn, neunzehn, zwanzig, genauso durchnummeriert und exakt geordnet wie die Baracken des KZs neben dem Friedhof, dessen Tote hier täglich eingeäschert wurden. Die vierzehn Nothelfer des Stoffeler Kapellchens schwiegen, wie die Menschen schwiegen.

Alle Bewohner des Quartiers kannten das KZ, gingen am Tag an den hohen Stacheldrahtzäunen vorbei, der über ihre Köpfe reichte, sahen in der Nacht die Scheinwerfer auf den Wachtürmen, die das Lager taghell erleuchteten, die nur bei den Luftangriffen erloschen, sahen jeden Morgen, wie die Häftlinge in ihren gestreiften Anzügen, die zerrissen an ihnen herunterhingen, in ihren aufgeplatzten Schuhen, die von den Füßen mitgeschleift wurden, in Gruppen von dreißig, vierzig, fünfzig Mann schwere Pferdewagen in die Innenstadt zogen, um dort verschüttete Keller freizulegen, Blindgänger auszugraben, Trümmer wegzuräumen, Bombentrichter in den Straßen mit Schutt aufzufüllen. Abends kamen sie mit ihren Pferdewagen zurück, ausgemergelt und vornübergebeugt schleppten sie in Kisten ihre Toten mit, wankten, oft in Kolonnen zu hundert, wieder ins Lager zurück, kilometerweite Wege der Demütigung, des Hungers, der Angst, des Todes. Die Menschen in der Stadt fuhren mit der Straßenbahn an ihren Gesichtern vorbei, nur getrennt durch eine Scheibe, die stumme Blicke zuließ auf Gefangene, die im eisigen Regen zitterten, auf kurzgeschorene, gelbliche, bis auf die Knochen abgemagerte Schädel, in erloschene Augen. Die Gesichter der Menschen in der Straßenbahn wandten sich wieder ab, die Augen waren versteinert, die Frauen weinten, für jeden Spitzel war die Stille in der Bahn ein Schrei.

In dem KZ waren Deutsche, Russen, Ukrainer, Polen, Tschechen, Slowaken, Jugoslawen, Niederländer, Belgier, Franzosen, Norweger, Dänen, Ungarn, Italiener, Österreicher. Die Menschen des Quartiers lebten mit ihnen zusammen, Haus an Haus, Wand an Wand, viele Tausende waren in Kriegsgefangenenlagern, Zwangsarbeiterlagern, KZ-Außenlagern untergebracht, in Fabrikhallen, Schulen, Gaststätten, getrennt nach Nationalität, nach Mann und Frau, und mittendrin die Menschen des Quartiers. Der Mensch ist geboren, um mitzuleiden und anderen Menschen zu helfen, in einem System, das diese menschlichen Regungen mit dem Tode bestrafte, sie ein für allemal unterdrücken wollte, wurde diese dem Menschen angeborene Regung zur hohen Kunst entwickelt. In den Fabriken, wo man zusammenarbeitete, war es einfacher, dieser Neigung nachzugehen, selbst unter der Aufsicht fanatischer Aufseher und Bewacher, auf der Straße mußte man sich schon mehr einfallen lassen. Man konnte eine gerade angezündete Zigarette so wegschleudern, daß sie den Gefangenen der Kolonne direkt vor die Füße flog, ohne daß man es selber bemerkte. Man konnte in Zeitungspapier gewickelte Lebensmittel in Sichtweite der Kolonne in Mülltonnen verstecken, so daß sie im Vorbeigehen mitgenommen werden konnten. Man konnte bei Aufräumungsarbeiten nach einem Luftangriff einen Suppentopf in die Trümmer stellen, daß mußte man aber so machen, daß die KZ-Gefangenen es bemerkten und die SS-Bewacher nicht, das war schwer, und manch einer mußte im Letzen Moment abdrehen, weil ihn ein SS-Mann fixierte. Man konnte unter den Eisenbahnunterführungen die Kolonnen abpassen, die sich in der Enge der Tunnel dicht an den Menschen vorbeizwängen mußten, die SS verlor in diesem Gedränge und in der Dunkelheit der Unterführungen für kurze Zeit die Übersicht, so daß man den Gefangene schnell etwas zustecken konnte. Jeden Abend standen hier Menschen, die auf die ins Lager zurückkriechende Kolonne warteten, die immer gerade zufällig vorbeikamen und ganz zufällig ein Päckchen verloren, ohne daß es ihnen weiter auffiel.

Die Kinder waren noch geschickter, sie spielten so lange scheinbar intensiv und selbstvergessen Fußball neben den KZ-Gefangenen, die zerstörte Häuser sicherten, Schutt wegräumten, Bahngleise reparierten, bis der SS-Posten ihnen den Rücken drehte, dann warfen sie das Brot, das sie zerteilt dabeihatten, in die Kolonne. Wenn der SS-Posten auf dem Absatz kehrtmachte und sie wieder im Auge hatte, spielten sie schon wieder, warteten auf den nächsten Dreh des Postens, dann flogen Stücke einer langen Mettwurst in die Kolonne, während mit großem Geschrei das Spiel weiterlief, Pässe geschlagen wurden, Steilvorlagen, Tore bejubelt, über die mit dem Tormann ein heftiger Streit ausbrach, so daß man das Spiel abbrach und nach Hause lief, um wieder Brot zu holen.

An die Polinnen, die die Straßen reinigen mußten und die immer in der Mitte der Straße hintereinandergehen mußten, auch bei Bombenangriffen und Artilleriebeschuß, auch wenn die Bomben oder die Splitter in ihre Reihen schlugen und sie töteten – an die Polinnen kam man nur heran, wenn man den Posten mit Schnaps oder Zigaretten bestach, damit er sie für eine Stunde zum Schuttwegräumen abkommandierte, dann konnte man ihnen etwas neben die zertrümmerten Steine legen.

Es gab Heldentaten, von denen nie einer berichtet hat, weil die, die ihr Leben riskierten, das mit einer Handbewegung abtaten. Hatte man erst einmal die Adresse eines Gefangenen, zugeflüstert im Vorbeigehen, zugeflüstert beim Aufräumen der Wohnung, des Kellers, des Ladens nach einem Bombenangriff, konnte man seine Familie informieren, konnte Pakete für ihn annehmen und deren Inhalt beim nächsten Einsatz rasch verteilen, hinter einer Wand, einem Mauervorsprung, einer Treppe. Es gab Menschen, die für Minuten sogar Telefonverbindungen herstellten, so daß ein Gefangener ein paar Sätze mit seiner Frau, seiner Mutter, seiner Schwester austauschen konnte. Es gab Menschen, über deren Auslandspostschein, den nur wenige hatten, ein reger Briefwechsel zwischen Gefangenen und ihren Angehörigen in viele Länder lief. Es gab Menschen, die ausgebrochene KZ-Gefangene versteckten, obwohl die SS das ganze Quartier durchsuchte. Es gab Menschen, die Deserteure versteckten, junge Soldaten, die den Krieg nicht mehr ertrugen. Beides gelang nicht immer, und die, die ein Herz hatten und anderen helfen wollten, wurden zusammen mit denen erschossen, die sie versteckt hatten.

Es gab Menschen, die Treffen zwischen Gefangenen und Angehörigen ermöglichten, weil sie für bestimmte Arbeiten angeblich bestimmte Gefangene brauchten, die dann in einem Zimmer auf ihre von weither angereiste Frau trafen, die man vorher informiert und versteckt hatte. Einer zerschlug einige Dachpfannen seines Hauses, ging zum Lagerkommandanten, forderte einen bestimmten Gefangenen an, einen Zeugen Jehovas, der hier für seinen Glauben büßen mußte, weil nur der ein Dach, das beim Luftangriff zerstört worden sei, richtig reparieren könne, und während der Gefangene in der Dachstube auf seine in einem Schrank versteckte Frau traf, hielt der geschädigte Hausbesitzer die SS-Wache, die den Gefangenen begleitete, an der Haustür fest, verwickelte sie geruhsam in ein Feierabendgespräch, während auf dem Dach ein anderer herumkletterte, laut fluchte und mit den Dachziegeln herumwarf. Nach e9iner Viertelstunde war es dann vorbei, der Gefangene erschien wieder, verwand mit der SS, und das zerstörte Dach wurde leise repariert.

Es gab Geschichten und Gerüchte, die keiner so recht glauben wollte, von denen aber viele doch Genaueres wußten, unglaubliche Geschichten nannte man sie. Sie wurden von Eisenbahnern erzählt, die von langen Güterzügen mit Juden sprachen, die in ferne, unbekannte Orte fuhren, sie wurden von Soldaten erzählt, die von Erschießungen hinter der Front sprachen, sie wurden von Ärzten erzählt, die von Krankenhäusern sprachen, in denen Wachsoldaten lägen, die von dem, was sie gesehen hätten, wahnsinnig geworden seien.

Unglaubliche Geschichten, die auf unerkennbaren Pfaden durch das Quartier wanderten, sich verbanden mit dem, was man täglich vor Augen hatte, und mit dem, was viele wußten, dem Abtransport der Juden vom Schlachthof der Stadt. Ein dunkles Halbwissen verbreitete sich, Furcht und Angst vor den ungewissen Dingen, die da im Verborgenen geschahen und die nach dem Krieg keinen wirklichen Frieden mehr zulassen würden.

Der Junge saß oft mit anderen in den Schrebergärten neben dem KZ, zwischen den Kaninchenställen hörten sie die Schallplatten, die sie mit dem Plattenspieler immer mitschleppten, Bessie Smith und Louis Armstrong, während nicht weit von ihnen ein SS-Mann Gefangene herumhetzte, die mit einer Schubkarre Sandhügel aufschütten mußten, höher als das Lager, und dann diesen Sandhügelabtragen und hundert Meter weiter wieder aufschütten mußten und danach wieder abtragen und wieder auf der alten Stelle aufschütten mußten. Währenddessen langweilte sich der SS-Posten und überlegte wahrscheinlich, ob er einen von denen auf der Flucht erschießen sollte, was schon geschehen war, da brauchte er nur die Kappe des Gefangenen von dessen Kopf wegzureißen und in die Luft zu werfen, ließ der Gefangene seiner Kappe hinterher, knallte es schon, denn das war eindeutig ein Fluchtversuch, oder ob es ihm mehr Spaß machen würde, einen von denen am Abend nackt an einen Pfahl zu binden, ihn mit Wasser zu übergießen und die Nacht erfrieren zu lassen, auch das war schon geschehen. Jeden Morgen wurden die Toten aus den Baracken geworfen, lagen übereinander auf der Erde, das Krematorium rauchte den ganzen Tag.

»Ihr habt Düsseldorf für mich erst wieder zu einer Heimatstadt gemacht.«

Der Blick auf Düsseldorf im Nationalsozialismus

Peter Henkel
(Mahn- und Gedenkstätte Düsseldorf)

Heimat ist ein Begriff, den wahrscheinlich jeder Mensch sehr individuell füllt. Es kann ein Gefühl, es kann ein Ort, es kann auch die Erinnerung an einen Ort damit gemeint sein. Heimat war ein Begriff, den die Nationalsozialisten für sich in Anspruch nahmen; sie missbrauchten ihn, indem sie festlegten, wer wo Heimat finden, wer auch in Düsseldorf »heimisch« sein durfte. Menschen, die diese Stadt zutiefst als ihre Heimat empfanden, wurden aus rassistischen und politischen Motiven gezwungen, ihre Stadt, ihr Geschäft, ihre Wohnung aufzugeben. Sie durften hier nicht mehr »heimisch« sein. Familien, die über Generationen hinweg in Düsseldorf lebten, wurde das Recht genommen, als Bürger dieser Stadt zu leben.

Diese Verlusterfahrung ist ein zentrales Thema für die Arbeit der Mahn- und Gedenkstätte der Landeshauptstadt Düsseldorf, mit der sie sich seit ihrer Gründung im Jahr 1987 intensiv auseinandersetzt. Der mit dem Heimatbegriff eng verbundene biographische Zugang stand dabei von Beginn an im Mittelpunkt. Waren es zunächst die Lebensgeschichten von Opfern und Menschen aus allen Widerstands- und Resistenzmilieus, die im Focus standen, kamen allmählich auch die Biographien der Täter hinzu. Schließlich nahm die 2016 eröffnete Dauerausstellung die Perspektive von Düsseldorfer Kindern und Jugendlichen während des Nationalsozialismus ein. Auch in den folgenden Sonderausstellungen, oft selbst kuratiert, standen Menschen mit ihrem Handeln im Mittelpunkt. Der biographische Ansatz, mit Lebensgeschichten von Menschen zu arbeiten, macht das Verbrecherische, das Unmenschliche, das dem Nationalsozialismus eigen war, auch für die Nachwelt erlebbar und damit greifbarer als abstrakte Zahlenwerke über Millionen ermordeter Menschen.

In den 1920er Jahren und speziell in der zweiten Jahrzehnthälfte war Düsseldorf eine weltoffene und dynamische Stadt, eine auch international wahrgenommene Kunst- und Kulturstadt überdies, wenn man an die progressiven Künstler der Kunstakademie denkt.[1] Das änderte sich ab 1933 mit der Machtübernahme der Nationalsozialisten. Düsseldorfer Juden und politische Gegner flohen aus ihrer Heimat und fanden, wenn sie Glück hatten, im vermeintlich sicheren Ausland eine neue Heimat. Andere wurden verfolgt, deportiert und ermordet. Ausländer hielten sich nur noch selten in der Stadt auf und wenn dies der Fall war, waren sie schockiert über die Zustände, die sie hier sahen und miterlebten. Seit Kriegsbeginn wurden dann vor allem Kriegsgefangene und ausländische Zwangsarbeiter nach Düsseldorf verbracht. Unter den Repressionen des nationalsozialistischen Systems leidend, erlebten sie Düsseldorf als den Ort ihrer Qualen und ihrer Erniedrigung. Dieser Eindruck ist auch nicht aus der Erinnerung zu tilgen. Seit Gründung der Mahn- und Gedenkstätte Düsseldorf gehört es zum Selbstverständnis dieser Institution, mit diesen zwangsweise nach Düsseldorf verbrachten Personen sowie mit vertriebenen ehemaligen Düsseldorfern, die sich nun als Amerikaner, Israelis oder Australier verstehen, in Kontakt zu treten und mit ihnen über die Vergangenheit und ihre Erfahrungen und Lebenswege zu sprechen. Dabei entdecken diese Menschen dann oft auch Düsseldorf wieder neu.

---

1 Vgl. hierzu den Beitrag von Robert Fleck, Kunst im kosmopolitischen Kontext – die Kunstakademie Düsseldorf, in diesem Band S. 104.

Wie die NS-Zeit und der Krieg die Sicht auf Düsseldorf geprägt haben, soll nun an einigen Fallbeispielen skizziert werden. Leitende Fragen sind: Wie sehen ehemalige Bürger und Zwangsarbeiter Düsseldorf heute? Wie kann Versöhnung mit der alten Heimat oder die Bewältigung eines schlimmen Lebensabschnittes gelingen?

1. Zwischenheimat

Berto Perotti gehörte zu dem ausländischen Personenkreis, der »freiwillig« nach Düsseldorf gekommen war. Ironischerweise floh er vor dem italienischen Faschismus ausgerechnet in das nationalsozialistische Deutschland.

Geboren am 5. Februar 1901 in Verona, machte er bereits als Schüler mit pazifistischen Positionen auf sich aufmerksam. Das brachte ihn früh in Konflikt mit den italienischen Faschisten um Benito Mussolini. Aus Protest trat er im Mai 1931 aus der staatlich gelenkten Studentenorganisation in Italien aus und begründete dies in einem offenen Schreiben mit den Worten: »aus mangelndem Glauben an die faschistische Sache und Unvermögen nach Grundsätzen zu leben, die mit dem Gewissen nicht vereinbar sind.« Dass dies Konsequenzen haben würde, war ihm klar. Aufgrund seiner klaren demokratischen Haltung wurde er 1933 dann auch als Lehrer entlassen. Perotti engagierte sich trotzdem in antifaschistischen Zirkeln und im Untergrund. Als Freunde aus seinem Umfeld verhaftet wurden, beantragte er eine Ausreisegenehmigung nach Frankreich und in die Schweiz, die ihm aber aus politischen Gründen verweigert wurde. Die Ausreise in demokratische Staaten war nicht möglich, doch er erhielt überraschenderweise 1937 die Erlaubnis, nach Deutschland zu reisen. So entzog er sich der Überwachung im faschistischen Italien durch einen Aufenthalt im nationalsozialistischen Deutschland. Als Perotti seine Heimat verließ, hatte er zwischenzeitlich mit Hilfe des Familienfreunds Rudolf Jonas etwas Deutsch gelernt. Jonas selbst war vor den Nazis geflohen und fand für zwei Monate Zuflucht bei Perottis Eltern, bevor er nach Haifa auswandern konnte. Jonas' Mutter und zwei Schwestern hatten weniger Glück, sie wurden später von den Nazis in Konzentrationslagern ermordet.

Als Perotti nach Düsseldorf kam, fand er hier schnell Kontakt im kulturellen Milieu.[2] Obwohl er sowohl von der Gestapo als auch von Beamten des italienischen Konsulats überwacht wurde, entwickelten sich persönliche Beziehungen zu regimekritischen Kreisen. Ihnen gehörten zum Beispiel die Maler Otto Pankok und Mathias Barz, der Schriftsteller Herbert Eulenberg und Gustav Lindemann, der Mitbegründer des Düsseldorfer Schauspielhauses, an. Seinen Lebensunterhalt verdiente Perotti als Sprachlehrer bei der Sprachschule Berlitz auf der Königsallee.

Hier in Düsseldorf erlebte Perotti dann auch den Novemberpogrom, den die Nationalsozialisten verharmlosend »Reichspogromnacht« nannten, der von ihnen aber als »spontaner Volkszorn« von langer Hand geplant und inszeniert war. In dieser Nacht vom 9. auf den 10. November 1938, testeten die Nationalsozialisten, welchen Grad an Ausschreitungen gegen Juden die Bevölkerung tolerieren würde. Es handelte sich um eine massive Eskalation der Gewalt gegen die jüdische Bevölkerung, die den Opfern vor allem eines zeigte: Ihr seid hier schutzlos und jeder Willkür ausgeliefert. Und es folgte kein Aufschrei in der Bevölkerung. Eine Untersuchung der Mahn- und Gedenkstätte Düsseldorf aus dem Jahr 2019 machte öffentlich, dass die auf NS-Angaben beruhende Opferzahl von 91 Toten für das gesamte damalige Reichsgebiet weit untertrieben war. Allein für das Gebiet des heutigen Nordrhein-Westfalen, das erst im Jahr 1946 gegründet wurde, hat das Team der Mahn- und Gedenkstätte 131 Tote nachgewiesen. In Düsseldorf gab es mindestens 18 Todesopfer und 70 Schwerverletzte im Zusammenhang mit den antijüdischen Ausschreitungen.

Perotti lebte damals in der Pension Seibert auf der Wagnerstraße. Seine Erlebnisse hat er 1960 in »La Notte dei Cristalli. Ein Schauspiel in elf Bildern« niedergeschrieben.[3] Er präsentiert dort das Leben in der Pension der beiden Damen Seibert, die - ohne es explizit zu sagen - erkennbar auf Distanz zu den Nationalsozialisten waren. So holten sie öfters ein kleines

[2] Günter Goebbels, Berto Perotti – Literat und Antifaschist, in: Augenblick. Berichte, Informationen und Dokumente der Mahn- und Gedenkstätte Düsseldorf, Nr. 17, Düsseldorf 2000, S. 29 f.

[3] Berto Perotti, Die Kristallnacht. Ein Schauspiel in elf Bildern, Darmstadt 1961.

blondes Mädchen zum Spielen in die Pension, die Tochter des jüdischen Arztes Dr. Oskar Gumpel. Perottis Stück zeigt ein Refugium, das sich der zunehmenden Radikalisierung der Straße verweigert, an kleinen Ritualen festhält und dann mit der Realität des Novemberpogroms konfrontiert wird: »Als wir nach Mitternacht aus dem Lokal kamen (dem Schadowkeller), wurden wir sofort von dem Lärm zerbrechender Fensterscheiben angezogen. Wir gingen schnell durch die Schadowstraße und entdeckten plötzlich in einer nahezu leeren Straße einen SA-Trupp in Uniform, der die Schaufensterscheiben eines Möbelgeschäftes behende und rasch, ohne jegliches Geschrei und Gerede, demolierte. Plötzlich hörte man einen Befehl: »Aufhören!« und sofort stellte sich die SA in Reih und Glied zu dreien in der Straße auf mit jenen seltsamen Dolchen an der Seite, und auf einen weiteren Befehl setzen sie sich in Marsch und verschwanden in der Seitenstraße.

Mit jenem Lärm in den Ohren und sich überstürzenden Gedanken im Kopf kehrten wir zurück. In der Wagnerstraße betraten wir nachdenklich unsere Pension. Was ging nur vor in der Stadt?«Wenig später wurde er Zeuge, wie Wohnung und Praxis von Dr. Gumpel zerstört wurden: »Als ich mich ein wenig hinauslehnte, erblickte ich an dem Nachbarfenster zwei weibliche Gesichter, die aufmerksam zusahen. Welch eine Traurigkeit lag in der Blässe des Jungmädchengesichtes und welch ein Schmerz in den Zügen der älteren Frau! Ihre beiden Köpfe blieben, zutiefst betrübt und erschauernd, für eine kurze Weile in jenem matten Lichtschein aneinander gelehnt, fast als bedürften sie gegenseitiger Hilfe; dann verschwanden sie langsam und das Fenster schloss sich. Wenn ich später an dieses Bild zurückdenke, glaube ich, in ihm das Symbol des Deutschlands jener Zeit zu erkennen, ein Deutschland, das nur in der Lage war, sich nachdenklich jener so schrecklichen Wahrnehmung zu nähern, traurig ob seiner Ohnmacht.«

Die Schrecken dieser Nacht ließen Perotti nicht mehr los. »Was ich am 9. und 10.11. erlebt habe, werde ich mein Leben nicht mehr vergessen.« Aber sein direktes persönliches Umfeld in Düsseldorf stärkte seine Hoffnung, noch an das andere Deutschland glauben zu können. Die Zusammenarbeit mit der unangepassten Düsseldorfer Kunst- und Kulturszene wurde zu einem zentralen Aspekt seiner Arbeit. So erschien 1940 eine Auswahl von Perottis Gedichten in deutscher Übersetzung von Herbert

Eulenberg und im April 1941 veröffentlichte Perotti in der römischen Zeitung »Meridiano di Roma« einen Artikel, der Otto Pankok den Italienern erstmals nahebrachte.

Nach dem italienischen Putsch gegen Mussolini im Juli 1943 kehrte Perotti nach Italien zurück und schloss sich dort dem aktiven Widerstand an. Dabei wurde er im November 1944 gefangengenommen und gefoltert und später ins KZ Bozen gebracht, wo er für den letzten Transport in das KZ Mauthausen ausgewählt wurde. Durch den Kriegsverlauf kam es nicht mehr zur Deportation und er wurde am 1. Mai 1945 befreit.

Der Professor für Sprache und deutsche Literatur übernahm beim politischen Neubeginn Italiens Verantwortung in Verona und lehrte an der Universität Padua-Verona. Dabei setzte er sich zur Aufgabe, deutsche Literatur in Italien bekannt zu machen. 1952/53 erschien dann ein Lyrikbändchen von ihm mit Illustrationen von Otto Pankok. 1958 folgte sein Buch »Begegnung mit Otto Pankok«. Die Verbindung zu Düsseldorf hat ihn sein Leben lang begleitet und trotz des Horrors der NS-Diktatur verlor er nie seine von Kunst, Kultur und Humanismus geprägte Sicht auf die Stadt.

2. Die verlorene Heimat

Die Familie von Simha Arom kam Mitte der 1920er Jahre aus Galizien, heute zwischen Polen und der Ukraine gelegen, nach Düsseldorf. Sie war eine bescheidene Familie aus dem jüdischen osteuropäischen Shtetl. Sehr religiös, aber trotzdem aufgeschlossen und neugierig auf das Leben in einer Großstadt. Hier in Düsseldorf wollten sie leben. Simha Aroms Vater handelte mit Federn, später mit Wein. Auch das kulturelle Angebot Düsseldorfs mit Theater, Oper, Literatur faszinierte seine Eltern, besonders seine Mutter. Und sie gab diese Begeisterung an ihre Kinder weiter. Für Simha, der wie sein Bruder Eduard 1930 in Düsseldorf geboren wurde, blieben diese Erfahrungen prägend. Er ist auch heute noch ein leidenschaftlicher Musikliebhaber und hat sich als weltweit geachteter Musikethnologe einen Namen gemacht.

Aber dieses liebevolle Elternhaus konnte nicht verhindern, dass die Hoffnungen, mit denen die Familie Arom nach Düsseldorf gekommen waren, mit der Machtübernahme der Nationalsozialisten zerplatzten.

Simra Arom erinnert sich daran, in einem Klima der Angst aufgewachsen zu sein. Er durfte nie alleine auf der Straße spielen, selbst auf dem Schulweg wurden die Kinder von den Eltern begleitet, so groß war die Furcht vor SA, HJ und anderen Schergen. Selbst zuhause hatte man Angst, über Hitler zu reden, den man nur geflüstert den »Rosh«, hebräisch für »Kopf«, nannte. Düsseldorf wurde für den jungen Simha zum Angstraum.

Während des Novemberpogroms drangen SA-Männer auch in die Wohnung der Aroms auf der Karlstraße 88 in der Nähe des Hauptbahnhofs ein. Mitten in der Nacht traten sie die Wohnungstür ein, drängten die Familie in der Küche zusammen, verwüsteten die ganze Wohnung und warfen den gesamten Hausrat durch das Fenster auf die Straße. »Hatten wir noch Wäsche, hatten wir noch Kleidung? Ich weiß es nicht«, erinnerte sich Simha Arom später in einem Interview. Die Familie fand Zuflucht bei Nonnen, bei denen die Familie die nächsten Tage lebte. Für die Familie aus einem orthodoxen Haushalt war es seltsam, unter dem Zeichen Christi Zuflucht zu finden.

Die Eltern reagierten und schickten nach dem Überfall die beiden Kinder zu Verwandten nach Antwerpen. Sie selbst flohen im Februar 1939 illegal nach Belgien. Als die Wehrmacht im Mai 1940 auch dieses Land überfiel, war die Familie Arom hier nicht mehr sicher. Sie setzte sich zunächst Richtung Dünkirchen nach Frankreich ab, in der Hoffnung, nach England zu gelangen, was jedoch scheiterte. In Frankreich wurden sie interniert, von Deutschen in Lager gebracht, konnten wieder fliehen und sich dann aber ins unbesetzte Südfrankreich retten.

Dort lebten sie bis zur großen Razzia am 26. August 1942. Die Familie wurde verhaftet und sollte deportiert werden, aber der Vater steckte den Brüdern Geld zu und sorgte dafür, dass sie fliehen konnten. Das war der letzte Tag, an dem Simha Arom seine Eltern gesehen hat. Sie wurden später in Auschwitz ermordet.

Die Brüder konnten sich durchschlagen und kamen über Spanien nach Palästina. 1951 ging Simha Arom zurück nach Frankreich, wo er bis heute noch lebt. Er hat sich lange geweigert, nach Deutschland und nach Düsseldorf zurückzukehren. Zu tief waren die Narben. Auch die erste Kontaktaufnahme durch die Mahn- und Gedenkstätte blieb kühl, zwar freundlich, einen Besuch in Düsseldorf lehnte er zunächst ab. Aber der

Damm war gebrochen und die Gedenkstätte lud ihn zu einem Gespräch mit Schülern ein, das er annahm. 2009 besuchte er erstmals wieder Düsseldorf und mittlerweile hat sich ein sehr enges freundschaftliches Verhältnis entwickelt. Simha Arom sprach anlässlich der jährlichen Gedenkfeier zum Novemberpogrom 2016 mit Schülern und war Gast im Rathaus. Der Düsseldorfer Oberbürgermeister Thomas Geisel lud ihn darauf als Ehrengast der Stadt Düsseldorf zum Grand Départ, der Eröffnung der Tour de France 2017 an den Rhein. In einem Gespräch mit der Mahn- und Gedenkstätte sagte er: »Ihr habt Düsseldorf erst wieder zu einer Heimatstadt für mich gemacht.«

3. Fremde als Zwangsarbeiter in Düsseldorf

Mit dem Ausbruch des Krieges veränderte sich noch einmal das Bild auf Düsseldorf aus der Ferne. Neben Kriegsgefangenen kamen im Laufe des Krieges immer mehr als Zwangsarbeiter verschleppte Zivilisten nach Düsseldorf. In der Stadt gab es mehr als 400 Lager und Haftstätten, im Jahr 1944 lebten rund 35.000 Zwangsarbeiter und Zwangsarbeiterinnen in der Stadt, mehr als 10 Prozent aller Menschen, die hier bereits in den vom Bomben zerstörten Quartieren lebten. Während Zwangsarbeiter aus Westeuropa zunächst noch offiziell angeworben wurden und mit Arbeitsverträgen ausgestattet waren, wurden in Polen, der Ukraine und in Weißrussland teilweise ganze Dörfer in die Zwangsarbeit nach Deutschland verschleppt und Familien auseinandergerissen. Hier angekommen, durchlebten die meisten Zwangsarbeiter ein Martyrium unter unmenschlichen Arbeitsbedingungen, menschenunwürdigen Unterkünften und Misshandlungen. Wer die Zwangsarbeit überlebte und in seine Heimat zurückkehren konnte, nahm kein gutes Bild von Düsseldorf mit. Seit den 2000er Jahren sah sich die Stadtgesellschaft zunehmend in der Verantwortung, auf dieses historische Unrecht zu reagieren. Neben der von der Öffentlichen Hand und der deutschen Wirtschaft getragenen Entschädigung durch die Stiftung »Erinnerung, Verantwortung und Zukunft«, trugen auch Kommunen und private Initiativen dazu bei, den ehemaligen Zwangsarbeitern zumindest symbolisch eine Form der Wiedergutmachung angedeihen zu lassen.

4. Ein neuer Blick auf Düsseldorf – Das Besuchsprogramm[4]

Seit 2000 gab es ein privat organisiertes Patenschaftsprogramm, bei dem Privatpersonen entweder Sach- und Geldspenden an ehemalige Zwangsarbeiter organisierten oder sich als Briefpaten für den dauerhaften Austausch zur Verfügung stellten. Vielfach wurden die Personen auch nach Düsseldorf eingeladen. Zunächst stellten sich die ehemaligen Zwangsarbeiter in Polen und in der Ukraine die Frage, was das soll und ob man der Sache trauen kann? Nicht wenige hatten Angst, die Initiative könnte trotz des anscheinend positiven Ansatzes auch mit etwas Negativem verbunden sein. Aber, das kann man feststellen, aus dem Programm ergaben sich enge persönliche Beziehungen. Ein Jahr später engagierte sich auch die Stadt Düsseldorf, organisiert durch die Mahn- und Gedenkstätte. Zwischen 2001 und 2010 wurden im Rahmen eines städtischen Besuchsprogramms fast 50 ehemalige Zwangsarbeiter und Zwangsarbeiterinnen zusammen mit ihren Familienangehörigen nach Düsseldorf eingeladen. Neben den offiziellen Terminen im Rathaus standen die Begegnungen mit jungen Menschen im Vordergrund. Die Gäste sprachen mit Schülern und schilderten ihre Geschichte und berichteten von ihrem Leben nach 1945. Gemeinsam besuchten sie die Orte ihrer Internierung und Zwangsarbeit. Indem die Besucher damit für Düsseldorfer, für Schülerinnen und Schüler ein wichtiges Kapitel der Geschichte aus dem abstrakten Wissen in das konkrete Leben holten und Geschichte nun mit bekannten Menschen verbunden wurde, änderten sie bei vielen den Blick auf die Vergangenheit der eigenen Stadt. Bekannte Orte erschienen nun in einem anderen Licht. Aus einer unscheinbaren Straße wurde ein historisch aufgeladener Erfahrungsort, aus einem Park ein Internierungslager.

Das Besuchsprogramm bewirkte aber auch eine Veränderung bei den Gästen. Sie stellten sich ihrer Geschichte, die fast durchgängig negativ mit Düsseldorf konnotiert war. Aus einem Ort, der mit Unterdrückung, Entwürdigung, Gewalt und Erniedrigung verbunden war, wurde ein Ort, an

[4] Heidi Sack, Begrüßung als G(a)este. Besuchsprogramm für ehemalige ZwangsarbeiterInnen in Düsseldorf 2001-2007. Eine Bilanz, Düsseldorf 2008.

dem man sich bemüht, mit diesem Unrecht umzugehen und auf die Betroffenen zuzugehen. Die Besucher trafen auf eine Stadtgesellschaft, die zeigen wollte, dass sie eine andere geworden ist, die nicht mehr wegsieht oder vielleicht nur verschämt hilft, sondern eine moderne Zivilgesellschaft ist, die um ihre Verantwortung weiß. Das war für diese Menschen eine bedeutungsvolle Geste der Anerkennung erlittenen Unrechts, zumal viele der ehemaligen Zwangsarbeiter am Rand der Existenz leben. Denn nicht selten galten ehemalige Zwangsarbeiter, obwohl sie gegen ihren Willen nach Deutschland verschleppt worden waren, in der ehemaligen Sowjetunion als Verräter und als Kollaborateure. Ausgrenzungen, Benachteiligungen und auch Strafen waren die Folgen dieser Einschätzung.. Neben der zweifellos wichtigen finanziellen Entschädigung stand für die osteuropäischen Besucher die zwischenmenschliche Ebene, insbesondere die Anerkennung des Unrechts, im Vordergrund des Besuchsprogramms.

5. Elli Basadella[5]

Elli Basadella hatte keinen direkten Bezug zu Düsseldorf. Geboren in den 1930er Jahren in Leipzig, kam sie nach der Flucht aus der DDR über Umwege nach Nordrhein-Westfalen und lebt heute in Sprockhövel. Nach Düsseldorf fuhr sie vielleicht mal zum Einkauf. Aber heute ist sie sehr oft in Düsseldorf. Und das hängt mit dem Schicksal ihres Vaters zusammen. Sie wusste über ihren Vater, Helmut Grundmann, nur, dass er am 1. November 1942 in Düsseldorf-Stoffeln ums Leben gekommen war. Warum und unter welchen Umständen, das wusste das neunte von zehn Kindern nicht. Sie war erst drei Jahre alt, als ihr Vater plötzlich nicht mehr da war. Im Jahr 2015 begann sie, die Geschichte ihres Vaters zu rekonstruieren. Dabei stieß sie auf einen Zeitungsartikel über ein Forschungsprojekt der Mahn- und Gedenkstätte zu den fünf in Düsseldorf existierenden KZ-Außenlagern, darunter auch das Außenlager Stoffeln. Sie nahm Kontakt auf und gemeinsam konnten wir die letzten Monate von Helmut Grundmann rekonstruieren.

---

5 Siehe Peter Henkel, Die Düsseldorfer KZ-Außenlager. Der Einsatz von KZ-Häftlingen in Düsseldorf zwischen 1942 und 1945, Kleine Schriftenreihe der Mahn- und Gedenkstätte 6, Düsseldorf 2016.

Helmut Grundmann war ein Außenseiter im Nationalsozialismus, Kommunist, unangepasst, jemand, der sich öffentlich gegen den Krieg aussprach und Zwangsarbeitern hin und wieder ein Butterbrot zukommen ließ. Damit wurde er seinem Arbeitgeber, der Reichsbahn, unbequem. Sie denunzierte ihn bei der Gestapo mit der Aufforderung, Grundmann könne einen »Abreibung« vertragen. Am 3. September 1942 wurde Grundmann von der Gestapo am Arbeitsplatz verhaftet und ohne Prozess einen Monat später ins KZ Sachsenhausen eingewiesen. Dort blieb er nicht lange, er kam in das KZ Außenlager Stoffeln. Dieses Außenlager des KZ Sachsenhausen existierte nur fünf Monate von Oktober 1942 bis Februar 1943. Es befand sich im Stadtteil Stoffeln, im heutigen Gelände des Südparks am Stoffeler Friedhof beim Haus Kolvenbach, einem ehemaligen Ausflugslokal. Heute geht man hier spazieren, treibt Sport, Kinder spielen, es herrscht Freizeitatmosphäre.

Im Auftrag der Stadt Düsseldorf wurden hier im genannten Zeitraum 500 Häftlinge untergebracht, die zur Trümmerbeseitigung nach Luftangriffen eingesetzt wurden. Mit 111 Toten war das Lager – prozentual gesehen – das Außenlager mit der zweithöchsten Todesrate. Der Lagerleitung wurden mehrere Morde zur Last gelegt. »Durch den Zaun gehen« war ein feststehender Begriff, wenn die Lagerleitung nachts die Beleuchtung abschalten ließ und die Häftlinge die Baracken nicht mehr verlassen durften. Die Wachmannschaft holte dann einzelne missliebige Häftlinge heraus, öffnete das Lagertor und ließ sie hindurchgehen. In dem Moment, in dem sie das Lager verlassen hatten, wurden sie hinterrücks erschossen.

Wie Helmut Grundmann ums Leben kam, wissen wir nicht genau. Kaum war er in Stoffeln angekommen, meldete das Lager seinen Tod. Als Ursache trug man »Herzschwäche« in die Unterlagen ein, sein Leichnam wurde im Krematorium Stoffeln verbrannt, die Asche nach Sachsenhausen zurückgeschickt. Helmut Grundmann kam ums Leben, weil er nicht mit dem Strom schwamm, weil er aus seiner Haltung kein Geheimnis machte. Und er starb, weil die Reichsbahn der Meinung war, der Mann »könne eine Abreibung vertragen.« Das Schicksal ihres Vaters zu klären, war nicht leicht für Elli Bassadella. Aber sie konnte klären, warum ihr Vater plötzlich weg war und nie zurückkam. Und sie stellte sich dieser Geschichte. Als die Mahn- und Gedenkstätte 2017 mit acht Düsseldorfer Schulen Erinnerungszeichen für die fünf Düsseldorfer KZ-Außenlager erarbeitete, arbeitete Elli Bassadella aktiv mit. Es war für sie klar, dass sie dazu einen wichtigen Beitrag leisten konnte. Sie traf sich mehrmals mit den Schülerinnen und Schülern und erzählte ihre Geschichte und die Geschichte ihres Vaters. Sie wurde damit zu einem lebenden Mahnmal für dieses Schülerprojekt. Und Düsseldorf wurde damit zugleich auch wieder ein Stück Heimat für sie. Es gibt kein Grab ihres Vaters, aber das von Schülern gestaltete Erinnerungszeichen bei Haus Kolvenbach ist nun für sie der Ort, an dem sie ihres Vaters gedenken kann.

Die Brutalität, die Unmenschlichkeit und die Menschenverachtung des Nationalsozialismus hat den Blick auf Deutschland und auch auf Düsseldorf für sehr viele Menschen geprägt. Düsseldorf wurde zu einem Ort der Unterdrückung, der Verfolgung, der Lebensgefahr. Das können wir nicht ungeschehen machen, aber wir können dafür sorgen, dass diese Menschen und ihre Schicksale nicht vergessen werden. Dies ist die Voraussetzung dafür, dass auch das andere Bild dieser Stadt bei den Überlebenden und ihren Nachfahren wahrgenommen werden kann. Das Bild einer Stadt mit einer starken Zivilgesellschaft, für die Menschlichkeit nicht nur eine Floskel ist.

DÜSSELDORF IM MEDIALEN SPIEGEL

»Denk ich an Düsseldorf«. Stadtbilder in der Literatur[1]

Zusammengestellt und kommentiert von Helmut Brall-Tuchel (Heinrich-Heine-Universität Düsseldorf)

Johann Wolfgang von Goethe (1749-1832), unser Dichterfürst schlechthin, war der berühmteste unter den Literaten, die in Düsseldorf zu Gast waren und es wert fanden, diesen ihren Aufenthalt literarisch zu würdigen. Zweimal kam Goethe nach Düsseldorf, genauer nach Pempelfort, das zu dieser Zeit noch vor den Toren der Stadt lag. Dem großen Geist waren jedoch sein Dasein und sein Wirken wichtiger als das Lob dieser wenig bedeutenden Residenzstadt bzw. seines Vororts. Doch das Haus

---

1 Die Texte wurden zusammengestellt für eine Veranstaltung mit den Schauspielern Anna Schudt und Moritz Führmann, die im Rahmen der IIK-Abendakademiereihe »Mit anderen Augen – Düsseldorf aus Sicht der Welt« am 6. Juni 2018 stattgefunden hat. Sie repräsentieren naturgemäß nur einen Ausschnitt der Literatur, die der Stadt Düsseldorf gilt. Für weitere Texte zu und über Düsseldorf sei verwiesen auf Gerhard Kurz (Hg.), Düsseldorf in der deutschen Geistesgeschichte (1750-1850), Düsseldorf 1984, Günther Elbin, Düsseldorf in alten und neuen Reisebeschreibungen, Düsseldorf 1990, Detlev Arens (Hg.), »Als müsste ich gleich nach Hause gehen«. Düsseldorf im Spiegel der Literatur, Köln 2006, sowie Sabine Brenner-Wilczek (Hg.), Im Fuchspelz auf der Cola-Kiste. Düsseldorf literarisch, Düsseldorf 2016.

der Jacobis, an dessen Stelle sich der heutige Künstlertreff Malkasten befindet, bot ihm einen angenehmen und anregenden Aufenthalt. Und wenn etwas dem Herrn gut gefallen hatte, dann zeigte er sich auch geneigt, lobende Worte zu finden und dabei seine eigene Bedeutung einzuordnen in die Kette berühmter Vorläufer oder wichtiger Zeitgenossen wie den Aufklärer Diderot, den Philosophen Frans Hemsterhuis und die einflussreiche Gräfin Gallitzin oder die Ideen Rousseaus, die in den höchsten Kreisen kursierten. Das Haus der Jacobis kam dem unerschöpflichen Bedürfnis des Dichters nach kultivierter Geselligkeit bei seinem Aufenthalt im November 1792 in hohem Maß entgegen.

»Wünschenswert wäre nunmehr, daß man, um die Anmut des Pempelforter Aufenthalts vollkommen darzustellen, auch die Örtlichkeit, worin dies alles vorging, klar vergegenwärtigen könnte. Ein freistehendes geräumiges Haus, in der Nachbarschaft von weitläufigen wohlgehaltenen Gärten, im Sommer ein Paradies, auch im Winter höchst erfreulich. Jeder Sonnenblick ward in reinlicher freier Umgebung genossen; abends oder bei ungünstigem Wetter zog man sich gern in die schönen großen Zimmer zurück, die behaglich, ohne Prunk ausgestattet, eine würdige Szene jeder geistreichen Unterhaltung darboten. Ein großes Speisezimmer, zahlreicher Familie und nie fehlenden Gästen geräumig, heiter und bequem, lud an eine lange Tafel, wo es nicht an wünschenswerten Speisen fehlte. Hier fand man sich zusammen, der Hauswirt immer munter und aufregend, die Schwestern wohlwollend und einsichtig, der Sohn ernst und hoffnungsvoll, die Tochter wohlgebildet, tüchtig, treuherzig und liebenswürdig, an die leider schon vorübergegangene Mutter und an die früheren Tage erinnernd, die man vor zwanzig Jahren in Frankfurt mit ihr zugebracht hatte. Heinse, mit zur Familie gehörig, verstand Scherze jeder Art zu erwidern; es gab Abende wo man nicht aus dem Lachen kam.«[2]

Verband Goethe seine Erinnerungen an Pempelfort vornehmlich mit der Freundschaft und Geselligkeit großer Geister, galt ihm Köln als Stätte der

2 Johann Wolfgang Goethe, Sämtliche Werke, Bd. 12, Biographische Einzelschriften (Artemis-Gedenkausgabe) München 1977, S. 375.

Wissenschaft und der Geschichte.[3] Ganz anders positionierte sich der reiselustige Georg Forster (1754-1794), auch er ein Freund der Jacobis. Er verstand sich als Naturwissenschaftler und als Schriftsteller, nahm teil an der zweiten Weltumsegelung von Kapitän James Cook und zeigte viel Sinn für die Beschreibung der äußeren Welt. In seinen berühmten »Ansichten vom Niederrhein« aus dem Jahre 1790 berichtet er, was ihm auf seiner Reise von Mainz über London nach Paris unter die Augen kam. Auf dieser Route ging es nicht anders, Georg Forster musste erst Köln passieren, bevor er, der Protestant, dann Düsseldorf erreichte. Zu beiden Städten äußerte er sich sehr eingehend, so dass man fortan über Düsseldorf schwerlich schreiben konnte ohne die Eindrücke von der Nachbarstadt im Süden zum Vergleich heranzuziehen.

»Das finstre, traurige Köln haben wir recht gern verlassen. Wie wenig stimmt das Innere dieser weitläufigen, aber halb entvölkerten Stadt mit dem vielversprechenden Anblick von der Flußseite überein! Unter allen Städten am Rhein liegt keine so üppig hingegossen, so mit unzähligen Türmen prangend da. Man nennt sowohl dieser Türme als überhaupt der Gotteshäuser und Altäre eine so ungeheure Zahl, daß sie meinen Glauben übersteigt. Gleichwohl ist neben so vielen kein Plätzchen übrig, wo die Christen, die den Papst nicht anerkennen, ihre Andacht frei verrichten dürften. Der Magistrat, der den Protestanten bereits die freie Religionsübung innerhalb der Ringmauern bewilligt hatte, mußte seine Erlaubnis kürzlich wieder zurücknehmen, weil der Aberglaube des Pöbels mit Aufruhr, Mord und Brand drohte. Dieser Pöbel, der beinahe die Hälfte der Einwohner, also einen Haufen von zwanzigtausend Menschen ausmacht, hat eine Energie, die nur einer bessern Lenkung bedürfte, um Köln wieder in einiges Ansehen zu bringen.«[4]

Damit war das Thema der Städterivalität zwischen Köln und Düsseldorf auch literarisch endgültig in der Welt.

[3] Vgl. ebd., S. 521.

[4] Georg Forster, Ansichten vom Niederrhein, von Brabant, Flandern, Holland und Frankreich im April, Mai, Junius, 1790, S. 73.

»Welch ein himmelweiter Unterschied zwischen Köln und diesem netten, reinlichen, wohlhabenden Düsseldorf! Eine wohlgebaute Stadt, schöne massive Häuser, gerade und helle Straßen, tätige, wohlgekleidete Einwohner: wie erheitert das nicht dem Reisenden das Herz? Vor zwei Jahren ließ der Kurfürst einen Teil der Festungswerke demolieren und erlaubte seinen Untertanen, auf dem Platz zu bauen. Jetzt steht schon eine ganz neue Stadt von mehreren langen, nach der Schnur gezogenen Straßen da; man wetteifert miteinander, wer sein Haus am schönsten, am bequemsten bauen soll; die angelegten Kapitalien belaufen sich auf sehr beträchtliche Summen, und in wenigen Jahren wird Düsseldorf noch einmal so groß als es war und um vieles prächtiger sein. Wer doch das Geheimnis einer guten Staatsverwaltung wüßte, damit er sagen könnte, wie sich in den Herzogtümern Jülich und Berg so große Reichtümer häuften, wie die Bevölkerung daselbst so stark und der Wohlstand der Einwohner gleichwohl so allgemein ward, daß die kleineren Städtchen nicht minder wohlhabend sind als die Hauptstadt; daß der Anbau auf dem platten Lande denselben Geist der guten Wirtschaft, denselben Fleiß zeigt wie die Fabriken; daß man hier so leicht den Weg zu einer glücklichen Existenz finden lernte, der anderwärts so schwer zu treffen scheint!«[5]

Der größte Sohn Düsseldorfs unter den Dichtern hat dieses Thema natürlich ebenfalls aufgegriffen. Er hat seiner Stadt, die ihn keineswegs immer so gut behandelt hat wie er es verdient hätte, ein großartiges literarisches Denkmal gesetzt. Vielleicht war dies ein Grund dafür, dass die Stadt nach langem Hin und Her ein Heine-Institut gegründet, eine ganze Anzahl von Denkmälern im Stadtgebiet aufgestellt und schließlich auch ihre Universität unter sein Patronat gestellt hat. Heinrich Heine (1797-1856), der streitbare Geist, hatte sich zunächst auch für Köln interessiert und sich sogar für die Fertigstellung des Kölner Doms engagiert. Aber nach dem 13-jährigen Exil in Paris hat sein Sinn sich gewandelt. Bei einem Gang durch das nächtliche Köln kommen dem Dichter rabenschwarze Gedanken:[6]

---

5 Ebd., S. 79 f.

6 Neue Gedichte von H. Heine, Hamburg 1844, S. 294-297.

Heinrich Heine

Doch siehe! Dort im Mondenschein
Den kolossalen Gesellen!
Er ragt verteufelt schwarz empor,
Das ist der Dom von Cöllen.

Er sollte des Geistes Bastille sein,
Und die listigen Römlinge dachten:
In diesem Riesenkerker wird
Die deutsche Vernunft verschmachten!

Da kam der Luther, und er hat
Sein großes »Halt!« gesprochen –
Seit jenem Tage blieb der Bau
Des Domes unterbrochen.

Er ward nicht vollendet – und das ist gut.
Denn eben die Nichtvollendung
Macht ihn zum Denkmal von Deutschlands Kraft
Und protestantischer Sendung.

Ihr armen Schelme vom Domverein,
Ihr wollt mit schwachen Händen
Fortsetzen das unterbrochene Werk
Und die alte Zwingburg vollenden!

O thörichter Wahn! Vergebens wird
Geschüttelt der Klingelbeutel,
Gebettelt bei Ketzern und Juden sogar;
Ist alles fruchtlos und eitel.

Vergebens wird der große Franz Lißt
Zum Besten des Doms musizieren,
Und ein talentvoller König wird
Vergebens deklamiren!

Er wird nicht vollendet, der Köllner Dom,
Obgleich die Narren in Schwaben
Zu seinem Fortbau ein ganzes Schiff
Voll Steine gesendet haben.

Er wird nicht vollendet, trotz allem Geschrey
Der Raben und der Eulen,
Die, alterthümlich gesinnt, so gern
In hohen Kirchthürmen weilen.

Ja, kommen wird die Zeit sogar,
Wo man, statt ihn zu vollenden,
Die inneren Räume zu einem Stall
Für Pferde wird verwenden.

Heines Heimatstadt Düsseldorf besetzt in seinem Städteranking hingegen einen vorderen Platz. Jedem Düsseldorfer wird es warm ums Herz, wenn er – und das sollte er jedes Jahr mindestens einmal machen – das Städtelob aus der Feder Heinrich Heines liest:

»Ja, Madame, dort bin ich geboren, und ich bemerke dieses ausdrücklich für den Fall, daß etwa, nach meinem Tode, sieben Städte – Schilda, Krähwinkel, Polkwitz, Bockum, Dülken, Göttingen und Schöppenstädt – sich um die Ehre streiten, meine Vaterstadt zu sein. Düsseldorf ist eine Stadt am Rhein, es leben da 16000 Menschen, und viele hunderttausend Menschen liegen noch außerdem da begraben. Und darunter sind manche, von denen meine Mutter sagt, es wäre besser, sie lebten noch, z. B. mein Großvater und mein Oheim, der alte Herr von Geldern und der junge Herr von Geldern, die beide so berühmte Doktoren waren, und so viele Menschen vom Tode kuriert, und doch selber sterben mußten. Und die fromme Ursula, die mich als Kind auf den Armen getragen, liegt auch dort begraben, und es wächst ein Rosenstrauch auf ihrem Grab – Rosenduft liebte sie so sehr im Leben und ihr Herz war lauter Rosenduft und Güte. Auch der alte kluge Kanonikus liegt dort begraben. Gott, wie elend sah er aus, als ich ihn zuletzt sah! Er bestand nur noch aus Geist und Pflastern, und studierte dennoch Tag und Nacht, als wenn er besorgte, die Würmer möch-

ten einige Ideen zu wenig in seinem Kopf finden. Auch der kleine Wilhelm liegt dort, und daran bin ich Schuld. Wir waren Schulkameraden im Franziskanerkloster und spielten auf jener Seite desselben, wo zwischen steinernen Mauern die Düssel fließt, und ich sagte: »Wilhelm, hol doch das Kätzchen, das eben hineingefallen« – und lustig stieg er hinab auf das Brett, das über dem Bach lag, riß das Kätzchen aus dem Wasser, fiel aber selbst hinein, und als man ihn herauszog, war er naß und tot. Das Kätzchen hat noch lange Zeit gelebt.«[7]

Weniger freundlich urteilte das Sprachgenie über die Aussprache des Deutschen durch die Düsseldorfer, wenngleich seine Vaterstadt auch hier noch ein wenig besser davonkommt als die Nachbarstadt Köln:

»Das war ein großer Vorteil für mich, daß solchermaßen schon in der Kindheit mein Ohr an eine gute Aussprache des Deutschen gewöhnt wurde, während in unserer Stadt selbst jenes fatale Kauderwelsch des Niederrheins gesprochen wird, das zu Düsseldorf noch einigermaßen erträglich, aber in dem nachbarlichen Köln wahrhaft ekelhaft wird. Köln ist das Toskana einer klassisch schlechten Aussprache des Deutschen, und Kobes klüngelt mit Marizzebill in einer Mundart, die wie faule Eier klingt, fast riecht.

In der Sprache der Düsseldorfer merkt man schon einen Übergang in das Froschgequäke der holländischen Sümpfe. Ich will der holländischen Sprache beileibe nicht ihre eigentümlichen Schönheiten absprechen, nur gestehe ich, daß ich kein Ohr dafür habe. Es mag sogar wahr sein, daß unsere eigene deutsche Sprache, wie patriotische Linguisten in den Niederlanden behauptet haben, nur ein verdorbenes Holländisch sei. Es ist möglich.«[8]

---

7 Heinrich Heine, Ideen. Das Buch Le Grand, Sämtliche Schriften, 2. Bd., München 1969, S. 260 f.

8 Heinrich Heine, Memoiren und Geständnisse. Mit einem Nachwort von Walter Zimorski und Anmerkungen von Bernd Kortländer, Düsseldorf und Zürich 1997, S. 50.

Karl August von Varnhagen (1785-1858), der Gatte der berühmten Rahel Varnhagen, hat in seiner Autobiografie den Wert von Berichten über das Privatleben, die in der Sprache der Quellenkritik »Ego-Zeugnisse« genannt werden, darin gesehen, dass von hier aus selbst weltgeschichtliche Ereignisse sich in einer neuen Sichtweise zeigen. In den Erinnerungen an seine früheste Kindheit in Düsseldorf mischen sich geopolitische, personenbezogene und gesellschaftliche Informationen. Das private Leben der Familie und ihr Auftreten im öffentlichen Raum weisen die Familie des Verfassers als respektable Mitglieder der besseren Gesellschaft aus.

»Düsseldorf ragte in mancher Begünstigung hervor. Früher eine fürstliche Residenz, und noch stets, wiewohl die Kurpfälzische Hofhaltung immer in Mannheim blieb, als solche angesehen und gehalten, als Hauptstadt der Herzogthümer Jülich und Berg der Sitz einer eigenen Landesregierung, nach bequemer Lage am Rheinhandel teilnehmend, heiter gebaut und fortwährend erweitert und verschönert, durch gebildete Einwohner von freiem und muntern Sinn, durch zahlreiche Beamte, Militair, benachbarten reichen Adel und viele Fremde belebt, welche zum Theil wegen der berühmten Bildergalerie verweilten, im Winter auch wohl um des zu Zeiten wohlbesetzten Schauspiels Willen kamen, durfte diese Stadt unter die vorzüglichsten und angenehmsten am Rhein gezählt werden. Als namhafte Repräsentanten dieses Lebenskreises kann ich zuförderst den Kanzler Grafen von Nesselrode nennen, der mir als ein edles Bild hoher Amtswürde und milder Vornehmheit noch vor Augen steht, dann seinen Sohn, der innig befreundet mit Jacobi und in brieflichem Verkehr mit dem Grafen von Mirabeau war, den Freiherrn von Hompesch, den Hofkamerrath Beuth, der eine schöne Kunst- und Naturaliensammlung besaß, den Medizinalrath Brinkmann, den Regimentsarzt Nägele, ferner manche Offiziere, Kaufleute, Künstler und Schauspieler, die durch Talent und feines Betragen zu der besten Gesellschaft Eingang hatten; als Frauen von höchster Auszeichnung sind zwei Gräfinnen von Haßfeldt, die beiden Schwestern Jacobi's und die jüngere Gräfin von Nesselrode, schon aus anderweitigen Erwähnungen bekannt; unter den gebildeten Damen der vornehmen Klasse fehlten aber auch solche nicht, deren glänzende Vorzüge nicht immer günstig zu beurtheilen waren.

Durch Jacobi's Nennung ist schon ein Mittelpunkt bezeichnet, mit dem die ersten Geister des Vaterlandes in Verbindung standen, und dessen Strahlen sogar über Deutschland hinaus sich verbreiteten. Zunächst aber gehörte er durchaus dem Niederrhein und dessen Nachbarschaft an, indem mit Köln, Aachen, Koblenz, und auch andrer Seite mit Elberfeld, Duisburg, Xanten, Münster, der lebhafteste Verkehr unterhalten wurde. In Pempelfort, neben einer bedeutenden Fabrikanstalt, gab ein schönes großes Wohnhaus und angenehmer Garten die reichste Gelegenheit zur edelsten Gastfreundschaft, die selten in solcher Ausdehnung mit glücklichem Maß und ohne allen Prunk so reichlich, ausgeübt worden. Dies Verhältniß war für Düsseldorf, wo Jacobi seines Amtes wegen eben so oft wie in Pempelfort war, überaus belebend, und Geselligkeit, Litteratur und Kunstbildung hatten ihren festen Anhalt an ihm. Ich habe späterhin oft bedauert, daß von diesem Hause, mit welchem doch mein Großvater schon wohlbekannt gewesen, mein Vater sich aus einer ich weiß nicht welcher stolzen Verstimmung zurückgehalten hat. Er pflog niemals Umgang nach jener Seite hin, wiewohl er die Personen nach Gebühr achtete, und von ihrem Dasein und Wirken vielfach berührt seyn mußte.

Meine frühesten Eindrücke und Erinnerungen sind nicht aus dem städtischen Leben, sondern von Garten und Flusse her. Das kleine Haus, welches wir in einer Seitenstraße bewohnten, ging rückwärts auf den Rhein, dem hier noch grade so viel Boden abgewonnen war, um ein Gärtchen und ein schmales Weidenufer zu bilden, durch einige vorgelagerte Felsenstücke gegen den Andrang des Stromes, selbst bei einigem Schwellen desselben, ziemlich geschützt. Aus einem Fenster des Wohnzimmers führten Treppenstufen in diesen Raum hinab, der in seiner engen Umhegung, nach kleinstem Maßstabe mit Rasen und Beeten, Sträuchern und Bäumchen versehen, bei großem Himmelsblick und reicher Aussicht aufwärts auf die mächtig vorüberströmende Wasserfluth und ihre jenseitigen Ufer, bei nährend gesunder Luft, von Sonnenwärme und frischem Hauche zugleich getroffen, in seiner stillen, gedrängten Abgeschlossenheit uns Kindern ein wirkliches Paradies war, und als solches mir noch jetzt vor Augen schwebt. […]

Mit dieser stillen Gartenlust wetteiferte bald ein buntes Theilnehmen an lebhafterem Verkehr. Der schöne Hofgarten wurde mit beiden Eltern und der Schwester häufig besucht, ich fing an, den Vater auf vielen seiner Ausgänge zu begleiten, zu städtischen Besuchen, auf das Land zur geselligen Einkehr in nahen Gärten und Dörfern, oder auch zu entfernteren Ortschaften, nach Grafenberg, Benrath, Neuß, Ratingen, Zons, wohin den Vater zum Theil Amtsberuf, zum Theil das Bedürfniß größern Ausflugs führte. Auch in das Theater, welches jeden Herbst in Düsseldorf sich einfand, wurde ich frühzeitig mitgenommen, und habe zwischen Mutter und Schwester, obwohl ich sogar letztere manchmal darüber lächeln sah, bei rührenden Vorgängen, die ich doch nur im Allgemeinen als solche fassen konnte, heiße Thränen geweint.«[9]

»Mit anderen Augen« – Düsseldorf aus Sicht nicht der Welt, sondern aus Sicht eines Hundes mit dem Namen Möppi, dieses Lesevergnügen bereitet uns der leider in Vergessenheit geratene Künstler, Schriftsteller und Maler Adolf Uzarski, geboren am 14. April 1885, gestorben am 14. Juli 1970 in Düsseldorf. Adolf Uzarski gründete am 24. Februar 1919 zusammen mit Arthur Kaufmann und Herbert Eulenberg die Künstlervereinigung das »junge Rheinland« und weckte das Interesse der Düsseldorfer Öffentlichkeit an moderner und expressionistischer Kunst. Im Jahr 1921 erschien sein Roman »Möppi. Die Memoiren eines Hundes«, ein erfolgreiches Buch, das zehn Jahre später schon die 15. Auflage erreichte. Adolf Uzarski stellt sich in die Tradition und auf die Seite Heinrich Heines, wenn er seinen Möppi die Stadt von unten her betrachten lässt:

»Mehrere große Städte habe ich in meinem Leben kennen gelernt, wie Hamburg, Köln, Duisburg usw. und ich könnte auch über sie Manches erzählen. Aber keine von ihnen ist so interessant wie die Stadt Düsseldorf, die meines Erachtens einzig dasteht und die es deshalb verdient, als besondere Merkwürdigkeit von mir beschrieben zu werden. Und ich tue das um so lieber, weil es mir eine Freude macht, den Düsseldorfern eine Freude zu machen, denn es muss ihnen zu ihrem Lobe nachgesagt werden – sie sind auch bekannt dafür –, daß sie eine rühmenswerte und schöne Schwä-

[9] K. A. Varnhagen von Ense, Denkwürdigkeiten des eigenen Lebens, 2. Auflage, Erster Theil, Leipzig 1843, S. 9-13.

che für Hunde haben und sie, die man anderswo rücksichtlos hinauswirft, mit offenen Armen aufnehmen. [...]

Die Stadt Düsseldorf ist sehr schön, wenn man z. B. vom Grafenberg aus – der Grafenberg hat seinen Namen nach den Düsseldorfer Bürgern, die hier an Sonn- und Feiertagen zu Tausenden ihre Butterbrotpapiere und leeren Bierflaschen ablagern, ihre Namen, von Herzen eingeschlossen, in die jungen Birken kerbeln und die am Fuße des Berges orgelnden Karussels in Nahrung und Bewegung setzen – also, wie gesagt, wenn man z. B. vom Grafenberg aus die Stadt zu seinen Füßen liegen sieht, so sieht man – so hat man [...]

Nein – hier sind die Grenzen meiner Begabung; es ist mir unmöglich, diese großartige Stadt so zu schildern, wie sie es mit Recht verlangen kann. Nur ein wirklicher Dichter darf es wagen, hier seine Leier ertönen zu lassen. Und da diese Aufzeichnungen ja doch nie gedruckt, also auch nicht gelesen werden – niemand also sagen kann, daß ich mich wie Herr Professor Dr. Kla . . ck mit fremden literarischen Federn schmücke –, klebe ich hier zu meinem Vergnügen eine unvollendete Beschreibung ein, die ich herrenlos und ohne Angabe des Autors, vom Winde über die Straße gewirbelt, aufgefangen habe.«[10]

Eine gewisse Undankbarkeit gegenüber ihren großen Söhnen – zumindest zu deren Lebenszeiten – vornehmlich in den Bereichen Literatur und Kunst, gehört wohl zu den eigentümlichen Traditionen dieser Stadt, die bis heute nicht abreißen. Auch wenn wir heute alle auf der Seite Heinrich Heines stehen, ihn loben und preisen, sollte nicht in Vergessenheit geraten, dass bis in die jüngere Vergangenheit hinein eher das Gegenteil der Fall war. Adolf Uzarski ließ es sich nicht nehmen, mit beißendem Spott auf dieses hochnäsige Philistertum einzugehen, das er mitsamt dem Ressentiment gegenüber dem Judentum als wesentlichen Teil der offiziellen Stadtkultur seiner Zeit ansieht.

10 Möppi. Die Memoiren eines Hundes. Herausgegeben und illustriert von Adolf Uzarski, München 1921, S. 125 f.

»Sicher – Heinrich Heine würde heute seiner Vaterstadt ein Denkmal setzen, anders wie das bekannte: ‚Die Stadt Düsseldorf ist sehr schön, und wenn man in der Ferne an sie denkt'– – – usw, und es muß bezweifelt werden, ob die Düsseldorfer seine heutige Meinung ebenso gern im Munde führen und auf Pappe und Porzellan gepreßt über ihre Sofas und Vertikows hängen würden wie jene zwei ehrenden Sätzchen. Es muß sogar sehr bezweifelt werden, denn selbst diese beiden Sätzchen, das Liebenswürdigste, was je über ihre Stadt geschrieben wurde, hat die Düsseldorfer nicht dazu bringen können, ihrem größten Sohn den gebührenden Dank abzustatten. Mag sein, daß sie ahnen, daß der große Henri ihre Stadt mit anderen Augen angesehen hätte wie der kleine Harry, mag sein, daß sie gelesen haben (man behauptet wenigstens, es gäbe Düsseldorfer, die von Heine mehr kennen als seinen Hymnus auf ihre Stadt), wie er mit den heiligsten Gütern unserer Nation, mit sechsunddreißig Fürsten und speziell unseren vielgeliebten, ebenso gottesfürchtigen wie hocherhabenen Hohenzollern-Königen umgesprungen ist, vielleicht sogar weiß der eine oder andere von ihnen, daß er ein – verzeihen Sie! – Jude war – – kurz, Düsseldorf hat es immer abgelehnt, ihn, den »Affen im deutschen Dichterwald« (wie ihn die guten Stadtverordneten bezeichneten) in irgend einer Form zu ehren. –

Doch sind im ganzen genommen die Düsseldorfer sehr nette Leute, und man kann ihnen selbst eine gewisse Intelligenz nicht absprechen. Ihre Kartoffeln sind mit Recht durch ihren geradezu abnormen Umfang weitberühmt, und mir haben schon viele Düsseldorfer versichert, daß die Büffel z. B. in ihrem Zoologischen Garten an Größe von keinem in ganz Deutschland übertroffen werden können, eine Tatsache, die von Jedem unbedingt zugegeben werden muß, der die Düsseldorfer Büffel kennen zu lernen Gelegenheit hatte. – Ja, die Düsseldorfer sind durchaus nette Leute und sie sehen im Vollgefühl, Bürger einer solchen Stadt zu sein, mit Recht auf alle anderen Leute herab. Sie haben die besten Oberbürgermeister, den besten Musikgeneral-, Akademie- und Latrinenreinigungsdirektor, ihre Künstler malen die schönsten Bilder und die Bilder haben die dicksten Goldrahmen. Sie fabrizieren den besten Mostrich, ihre Töch-

ter bekommen die reizendsten Kinderchen, und ihre Kriegsküche verursacht die schönsten Bauchschmerzen.«[11]

Auch hinsichtlich weiterer typischer Elemente des urbanen Lebens seiner Zeit, besonders der klotzigen Architektur (Kaufhof an der Kö, Rathaus, Kunstakademie, Kunst- und Regierungspalast) sowie der Vorliebe für Sakralbauten im neoromanischen Stil, ist Uzarskis Möppi gar nicht gut auf die Stadt zu sprechen:

»Halblinks das mächtige Gebäude ist das Mannesmannhaus von Peter Behrens. Es ist das Einzige, was sie ihm zu bauen erlaubt haben, und auch das nur, weil sie nichts dabei zu sagen hatten. Denn sonst würden sie es bestimmt von Herrn Dingeskirchen haben bauen lassen, der ein Einheimischer ist und im romanischen Baustil Peter Behrens um viele Vorlagenwerke voraus ist. –

Jene beiden über das Häusermeer hinausragenden Baukästen, dort ungefähr im Zentrum und etwas mehr nach rechts, sind die beiden Wahrzeichen Düsseldorfs, das Warenhaus von Josef Maria Olbrich und die Kunstakademie des Herrn Direktors Fritz Roeber. Sie haben beide von hier aus eine auffallende Ähnlichkeit, die allerdings an Auffälligkeit verliert, wenn man weiß, daß man in beiden alles das bekommen kann, was man anderswo besser erhält. –

Das Rathaus ist von hier aus kaum zu sehen. Es ist alt und staubig und erweckt keinerlei Interesse. Leider erscheint es ausgeschlossen, ein neues zu bauen, da Düsseldorf keinen Bauplatz hat, der groß genug wäre, um auf ihm ein Gebäude für die vielen Bürgermeister zu errichten. –

Ganz rechts, das große Gebäude mit der Kuppel ist der Kunstpalast, in dem abwechselnd Kunst- und Mastviehausstellungen stattfinden. Daneben das Gebäude mit dem roten Dach ist die Regierung. Auf seiner Spitze steht ein schwarzer Adler mit ausgebreiteten Schwingen. Er steht in der Richtung nach Holland, aber er fliegt nicht weg. Mit starken Krallen hält er die Spitze, denn er ist fest verankert, und Niemand könnte ihn, außer

[11] Ebd., S. 128 f.

mit Dynamit, zum Fliegen bringen. Von hier aus erscheint er nur als ein kleiner Punkt, aber aus der Nähe ist er deutlich sichtbar. –

Düsseldorf hat auf vielen roten Dächern schwarze Adler, doch sind sie meistens gut versteckt oder stehen auf der Hinterseite der Gebäude, denn es gibt da böse Leute, die nach den Adlern schießen und ihren roten Hahn auf die roten Dächer setzen würden. –

Was sonst noch hervorragt sind Kirchen. Die wenigen alten Kirchen sind aus der Barockzeit und selbstverständlich im Barockstil, die anderen sind modern und selbstverständlich im romanischen Stil erbaut. Eine Ausnahme bildet die – verzeihen Sie! – Synagoge, aber davon kann man natürlich unter anständigen deutschen Herrschaften nicht sprechen. Jenes silberglänzende Band, welches so kontrastreich wie eine echte Strähne unter schwarzer Perücke das steinerne Gewirr begrenzt, ist der Rhein. In majestätischer Größe zieht er, wie alles Große, an Düsseldorf vorüber und was er anschwemmt, sind Leichen, Dreck und verfaultes Gerümpel.«[12]

Rolf Bongs, Archivar und Schriftsteller, arbeitete nach seiner Rückkehr aus der Kriegsgefangenschaft als Journalist, Kritiker und freier Autor in Düsseldorf. Er lebte im Stadtteil Lörick. Sein Text mit dem Titel »Ein Mann geht durch die Stadt: Düsseldorf im Jahr 1945« erschien in einer Anthologie über die Situation deutscher Städte im Jahre 1945. Auch 75 Jahre nach Kriegsende und der Kapitulation Nazi-Deutschlands verfehlt dieses Bild der zerstörten, verfallenen Stadt und seiner desperaten Bewohner seine Wirkung auf den Leser nicht. Dieser Flaneur sieht eine Stadt zur Unzeit, die zum Unort geworden ist, zu einem den Elementen ausgesetzten Irgendwo ohne Zukunft.

»Ein Mann geht durch die Stadt. Er kommt aus einem Lager. Kriegsgefangener. Ehemaliger. Er saß hinter Stacheldrähten und sah ins Freie. Er wird nicht müde in der Stadt umherzugehen. Er schießt nicht mehr. Er schläft auf einem Ding, das um 1920 eine feine Chaiselongue gewesen ist. Berg und Tal. Spiralfedern gesprungen. Wenn es regnet, muß der Mann Eimer und Schüsseln aufstellen. »Warum gehst du umher? Gibt es nichts

[12] Ebd., S. 129-131.

anderes zu tun?« Er sagt (sich): Ich muß das ansehen, einsaugen, einbrennen, daß ich es niemals vergessen kann. Wie ich es im Krieg gemacht habe. Sehen und bezeugen.«[13]

Der Flaneur bewegt sich in einer Stadt, in der sich fast alle Gegebenheiten geändert haben, neue Regeln über das Leben bestimmen.

»Der Menschen bemächtigt sich eine Art von Raserei. Jeder ist unterwegs«, um irgend etwas irgendwo zu holen oder irgendwohin zu bringen. Glas für die Fenster. Holz, Mörtel, Gips, Farbe, Nägel, Faserplatten. Ein Waschbecken aus Porzellan, Blech, Eisen. Schrauben und Muttern. Bettgestelle, Decken. Da hat der Mann einen Koffer untergestellt. Dort sind Möbel in Sicherheit gebracht worden. (Gestohlen.) Da hatte man eine Schreibmaschine versteckt. Hin und her. In Zügen, an denen nur noch die Räder in Ordnung sind. Und überall auf den Straßen Menschenschlangen. Es geht ums Leben. Wir sind frei. Es schießt nicht mehr. Die Angst ist weg. Zu einem Teil.«[14]

In der zerstörten Stadt, die 243 Mal aus der Luft bombardiert worden ist, machen sich unterirdische Mitbewohner breit, die Natur erobert sich Terrain zurück, der Aberglaube und der Schwarzmarkt blühen auf, der Flaneur gerät unter die Räuber.

»Überall in der Stadt, am hellichten Tag, an den Ufern der Düssel, laufen die Ratten umher, über die Straßen, in die Mülltonnen, in die Keller, durch die Trümmer, längs der Kanäle. Sie laufen nicht sehr schnell. Sie sind fett. Sie sitzen still und sehen die Menschen an. Frech. Sie scheinen bereit zu sein, anzugreifen. Sie vermehren sich im Unterirdischen der Stadt. Kein Feind gebietet ihnen Einhalt. Der Mann steht auf der Straße und sieht ihnen zu. Wie sie fressen. Wie sie sich zanken. Wie sie pfeifen. Wie sie sich beißen. Wie sie sich paaren.

---

[13] Rolf Bongs, Ein Mann geht durch die Stadt. Düsseldorf im Jahre 1945, aus: Städte 1945. Herausgegeben von Ingeborg Drewitz, Nachdruck Düsseldorf (Stadtbüchereien) 1972, ohne Paginierung, S. (1 f.).

[14] Ebd., S. (3).

Auf den Schuttbergen, in den Ruinen, auf den Mauern der ausgebrannten Häuser, überall siedeln sich Moose an, Gräser, Blumen, Sträucher, die Schößlinge der Birken. Vor allem Birken. Die Witterung ist günstig. Woher kommt all dieser Samen, der sich im Verwitternden festkrallt, keimt, wurzelt, aufgeht, blüht, das Wüste zu überziehen beginnt? Er ist da, er kommt vom flachen Land, vom Niederrhein, aus dem Grafenberger Wald. Er ist in der Luft, der Wind trägt ihn heran, der Wind streut ihn aus. Das Leben. Dort, wo die Bombengräber sind, wo die Leichen unter den Trümmern verwesen, wo der Zerfall die Mauern aufbröselt, Regen, Wind, Sonnenhitze, Kälte. Dieser Same ist früher auf den Asphalt gefallen und verkommen. Jetzt ist seine Stunde da.

In Derendorf gibt es eine alte Frau, die trocknet Blumen, Kräuter, Gräser, Blätter, eine Messerspitze zermahlene Menschenknochen (derzeit leicht zu haben), eine Prise getrocknete Kröte, Kot vom Hund und von der Katze, Harn vom Hengst. Dies Mittel hilft gegen alles, unerwünschte Schwangerschaften, offene Beine, gebrochene Liebesschwüre, blutende Herzen. Die Alte schlägt die Karten und weissagt die Zukunft aus der Hand. Die ganze Stadt spricht von ihr. Der Mann sieht, wie die Leute in ihr Haus schleichen. Wer weiß etwas vom nächsten Tag, Jahr, Jahrzehnt? Die Alte. Träume, Wünsche, Weissagungen.

Es gibt alles zu kaufen, was jemand haben will. Auf der Straße. In Häusern. Schuppen. Für teures Geld. Alles. Die Menschenschlangen vor den Geschäften warten auf das, was es auf die neugedruckten Lebensmittelkarten gibt: wenig, schlecht. Aber Butter, Eier, Käse, Brot, Margarine, Strophantin,[15] *Zigarren, Zigaretten, Schokolade, Schnaps, elektrische Geräte aller Arten, Insulin, alles, alles auf den schwarzen Märkten. Da keiner die geforderten Preise bezahlen kann (alles, was einen Wert hatte, gerät ins Wandern), versuchen die, die es können, selbst in den Handel einzusteigen. Ehrenwerte Bürger. Einer, unzählige fangen an, Schnaps zu brennen und zu verkaufen. Zehntausend Zigaretten, nur gegen bar. Mehl, Kartoffeln, Kohlen, Briketts? Sie können alles haben. Kommen Sie auf den Nordfriedhof, links, gleich hinter der Kapelle, wo der Engel aus Marmor*

[15] Strophanthin ist ein Herzglykosid, das früher zur Behandlung von Herzkrankheiten eingesetzt wurde.

steht. Der nur noch einen Flügel hat. Der Mann kommt. Keine Ware. Kinnhaken. Geld raus. Fort. Räuber. Es tun sich Räuberbanden zusammen, die »Hellweg«-Bande ist die schlimmste. Der Mann sieht, wie an einem Novembermittag einer Frau der Pelzmantel vom Leib gerissen, ihr Begleiter mit einem Schlag zu Boden gestreckt wird. Es ging blitzschnell. Ein Alptraum. Als man die Geschlagenen aufrichtet, sind die Räuber über alle Berge. 52 Menschen werden in Düsseldorf in diesem Jahr ermordet. Es geht ums Überleben. Jeder weiß oder ahnt es. Der Mann, der umhergeht, sieht es an jeder Ecke. Zum äußersten entschlossen. Die entlassenen Soldaten noch in ihrem Militärzeug, mancher mit einem POW[16] *auf dem Rücken, DDT-Puder*[17] *in den Ärmeln und Hosenbeinen. Leben. Es schießt nicht mehr. Sie sind frei. Sie greifen nach der Freiheit, Sie wollen sie leibhaftig fühlen. Überall. Es wird wild geliebt.«*[18]

Ingrid Bachérs »Düsseldorfer Marginalien« sind durchzogen von tiefer Skepsis. Die lebenslange Verbundenheit mit einer Stadt, mit dieser Stadt, ist ihre Sache nicht. Es scheint eine Vernunftehe zu sein, die sie mit Düsseldorf geschlossen hat. Als Gegenwartsautorin ist sie zu Distanz und auch zur kritischen Betrachtung dessen aufgerufen, was diese Stadt ausmacht – im Guten wie im Schlechten und vor allem im Umgang mit ihren Dichtern.

»Dies ist nicht meine Stadt, obwohl ich nun schon lange in ihr wohne. Für alle Zeit bin ich süchtig nach einer Großstadt, erst verloren in ihr zuhause. Zweimal habe ich dort gelebt, wo ich das fand, was mir eine spontane Vertrautheit mit meiner Umgebung gab, als ich Kind war in Berlin und später in Rom. Auch Neapel könnte es sein, Los Angeles. Steinerne Landschaft, vielfältig belebt, unüberschaubar. Das sind meine Städte, fraglos, ohne Einweisung. Die großen Ansammlungen der Häuser, Ablagerungen des schon Gelebten, massenhafter Verfall überdeckt von Neuentstehendem. Diese Anwesenheit von Menschen, ihre Verwurzelung im abgelebten Äl-

---

[16] POW = prisoner of war oder abgekürzt pi ou double ju

[17] DDT-Puder war das meistgebrauchte Mittel gegen Läuse in der Nachkriegszeit.

[18] Ebd., S. 4.

teren, diese ständige Bewegung der Veränderung ... all das nährt meine Phantasie und läßt mich auf die selbstverständlichste Weise gegenwärtig sein.

Doch hier, dies ist eine Stadt mit erkennbaren Maßen, sie erweckt keine Leidenschaft, ist nicht rätselhaft anziehend. Hier zu sein bedeutet, beweglich zu sein im Statischen, in der Ruhe, auch in einer freundlichen Gelassenheit. Ich gehe herum und sehe, daß die Stadt viel Schönes hat. Es sind hier immer Teile, die mir im Gedächtnis bleiben, immer Einzelheiten, nie das Gesamte, die Summe aller Teile. Das Gesamte ist entweder zu groß oder zu klein für mich, auf jeden Fall, es bleibt mir nicht im Gedächtnis. Da ist vor allem der Strom, die Rheinwiesen (immer gefällt es mir, daß der Rhein hier nicht eingeengt wird, in kein starres Bett gefaßt, sondern sich üppig ausufernd durch die Stadt bewegt). Da sind die Fronten einiger Häuser, welche die Ruhe eines vergangenen Bürgertums dokumentieren, eine Wohlhabenheit, nach der hier alles strebt. Jeder Neu- und Umbau bestärkt dieses Bild. Es ist eine Stadt, die das schmückende liebt, das glänzende Outfit. Manchmal hält dies sich nicht in Balance zu dem, was zu schmücken ist. Das Übergeschmückte auch der Menschen fällt oft auf und die Anstrengung schön zu erscheinen, was dem wahren Charme der Schönheit widerspricht. Die Kö-Galerie ist eine bis ins Schaurige gesteigerte Ansammlung von Luxus, Gold und Marmor, mit gläsernen Aufzügen, in goldenen Stangen gefaßt, durchsichtig wie ein Kristall, doch in Wahrheit nur mit Worten beschrieben schön. Realisiert gleichen sie Aufzügen in einem Feenpalast, die von Touristen benutzt werden aus einer anderen Zeit (die wieder die Gewänder, noch die Allüren haben, um angemessen in diesem Prunk sich bewegen zu können). Sie suchen das Lustvolle und haben doch schon lange das Geheimnis verloren, woraus es entstehen könnte. Das Festliche ist nicht mehr der im Äußeren aufscheinende Glanz eines Daseins. Die Anstrengung zielt auf Erwerben, nicht darauf, Immateriellem eine Form zu geben.

Ich erinnere mich an einen Abend, als Günther Kunert auf einem Laufsteg über dem bodenlosen Abgrund dieses Aufwandes schwebt und uns hoffnungslose Endzeittexte vorlas, während seitlich die durchsichtigen Aufzüge nach Bedarf hoch und nieder fuhren. Viel Volk lauschte ihm. Wir sind alle wie zu Gast in unpassender Umgebung, dachte ich. Erst später begriff ich, daß der Dichter in dieser Umgebung nicht unpassend war. Sie war die Bestätigung für seine Vision eines Endes. Harmloser, überflüssig glitzernder ist diese Bestätigung vielleicht hier als anderswo, aber sie ist eine. Heiner Müller schrieb über eine Einkaufspassage in Düsseldorf, da »stößt man nur noch auf massenhaften Lebensersatz ... Fünftausend rosa Slips bejahen nicht das Leben, das schreit vielmehr nach Tod und Vernichtung ...«

Das macht mir andere Städte heimatlicher. In ihnen wird öffentlicher gelebt, sie wirkten benutzt, dreckig auch, älter und zugleich nicht fertig. Ich sagte, Teile dieser Stadt sind mir wichtig. Zum Beispiel: die Häuser, in denen Freunde wohnen und die, in denen wir wohnten. Das Atelier in Derendorf, in einem Hinterhaus. Unter uns ein Kontor mit staubbeschlagenen milchigen Scheiben, in dem ein aufmerksamer, literaturbewanderter, scheinbar altersloser Herr mit seinem Sekretär seinen mir unverständlichen Geschäften nachging. Im Parterre eine langsam zugrunde gehende Malerwerkstatt. Rückzugsgebiet vergangener Zeit. Damals gab es noch die Brauerei-Ruine, auf die wir blickten. Dann das Haus unterm Fluglärm, der weitläufige verwilderte Garten. Hinter der auswuchernden Brombeerhecke, auf der Grenze zu den Feldern, die rotgelbe Straßenbahn. Sie tauchte unaufhaltsam auf und verschwand, poetisch wie ein fernes Schiff in einem Film von Fellini.

Alles Details. Die Schönheit des neuneckigen Schloß-Turms. Die Fehlkonstruktion des leeren Platzes vorm Schauspielhaus, eine Oase der Verweigerung. Die Galerie Schmela, das heißt das Gebäude und die Straße davor, und dies weil wir eines nachts Alfred Schmela trafen, der dort ganz verloren stand und sein Haus ansah. Und dann und immer wieder: der Fluß, der Hafen, die Lagerhäuser, die Fabrik, nachts erleuchtet während Dampfschwaden oberhalb ihrer Ziegelfassade aufsteigen und auf der Rutsche der helle Strom des Futtermehls in die offene Luke eines Frachtkahns stürzt. Und morgens das frühe sich spiegelnde Licht überm Rhein, dessen sanfte Intensität sich steigert, wie neugeschaffen und sich entfaltend aus sich selber, rein als begänne alles mit diesem ersten Tag.

Auf einer Wiese mitten in der Stadt, doch abseits an einer breiten sechsspurigen Straße gelegen, das Heine-Denkmal. Aus Bronze gegossene Bruchstücke, Trümmerlandschaft einstmals gewesener Einheit, schon in Teilen angefertigt, so unpassend zueinander, nicht mehr zusammensetzbar. Scheinbar schon vergehendes, hinschmelzendes Material, aus der Form entlassen. Zerstreute hilflose Hinweise auf Lebensstationen, wahrscheinlich nicht übermäßig wichtig. Aber immerhin erwähnenswerte Teile, Requisiten einer furiosen Lebenshandlung. Nunmehr ist nichts verbunden und bildet doch ein Ensemble, erinnert so an das, was nicht mehr herzustellen ist. Vorübergehend bedenke ich dies. Ein Dichter flüstert mir tröstend zu: »Mein den unwirklichsten Schicksalen hingegebenes Herz bewahre ich unversehrt.« (Nein, das war nicht Heinrich Heine, sondern Fernando Pessoa.)«[19]

Dieter Forte (1935-2019) erzählt in seiner Romantrilogie »Das Haus auf meinen Schultern« die Geschichte zweier Familien aus Oberitalien und aus Polen, die sich im Lauf der Generationen aufeinander zu bewegen und miteinander verflechten. Düsseldorf ist hier der Schmelztiegel, in dem Menschen unterschiedlichster Herkunft sich verbinden, recht oder schlecht leben und überleben. Aus diesem großartigen Romanwerk wurde bereits der Abschnitt über das Konzentrationslager im Volksgarten in dieses Buch aufgenommen. Aus Dieter Fortes Feder, den man in Düsseldorf nach seinem Tod im Jahr 2019 zunehmend schätzen lernt, stammt ein historisches Stadtgemälde, das auch als Sprachkunstwerk alle Aufmerksamkeit verdient. Gespeist aus familiengeschichtlicher Erfahrung und mit souveräner Kenntnis der literarischen Überlieferung wird die Situation und Architektur der Stadt mit der Gemütslage und dem Lebensgefühl ihrer Bewohner subtil in Verbindung gebracht. Man kann diesen Abschnitt als noble Liebeserklärung und versöhnliche Geste lesen, die er seiner Heimatstadt – trotz aller Enttäuschung über gewisse Engstirnigkeiten – aus seiner Wahlheimat Basel angedeihen lässt:

»Von der Eisenbahnbrücke aus gesehen lag die Stadt seltsam gekrümmt um den Rhein, der sie in einem großen Bogen ins Land drückte, mächtiger als die Stadt war, sie einschnürte, so daß sie sich etwas untertänig an den Fluß schmiegte, gebeugt wie der Turm der Stadtkirche St. Lambertus, der

[19] Ingrid Bachér, Düsseldorfer Marginalien, in: Bruno Kehrein (Hg.), Wo kein Mensch Sorgen hat – Wie düsseldorferisch ist Düsseldorf, Düsseldorf 1991, S. 7-12.

zum Rhein hin leicht einknickt mit der ständigen Bitte, das nächste Hochwasser möge doch den Niederrhein überfluten und Düsseldorf verschonen.

Ins Land gebaut, rheinabgewandt, so daß man den übermächtigen Fluß vergessen konnte, lagen die kleinen Häuser, deren Bewohner mit dem Rücken zum Wasser und seinen Deichen wohnten, lebten, arbeiteten, feierten, vor allem feierten. Da die Zeiten selten zum Lachen einluden und es auch innerhalb der Stadtmauer wenig zu bestaunen gab, große Ereignisse so gut wie nie stattfanden, hatte man die schöne Fähigkeit entwickelt, sich zunächst beständig über sich selbst und danach über die kleinen Alltäglichkeiten des Lebens anhaltend zu freuen. So war ein vergnüglich besoffener Nachbar immer wieder ein schönes Ereignis, das man nicht missen wollte, über das man jahrelang noch lachen konnte, und um ihn nicht zu enttäuschen, ihm auch einen Grund zu einem breiten Lachen zu geben, besoff man sich selber und ließ sich am liebsten laut singend von der Ehefrau in einer Schubkarre nach Hause fahren, was dem Nachbarn über Jahre hinweg ein ständig neues Lachen entlockte. Das waren bescheidene Vergnügungen, aber da sie so zeremoniell und mit großer Bedachtsamkeit ausgeführt wurden, konnte sich in der Stadt ein allzu strenges Arbeitsethos nicht ausbreiten, fand einfach keine Wurzeln.

Kaum hatte man etwas in die Hand genommen, um es gewissenhaft, das heißt nicht zu schnell, zu erledigen, war Karneval oder Kirmes oder Schützenfest, dazu gab es noch die Namenstage aller möglichen Heiligen und Unheiligen, christliche und unchristliche Feiertage, Vereinsgründungen und Jubiläen, bei denen schon die gewissenhafte Planung eines Festes zu einem Fest geriet, und die Familie hatte natürlich auch ihre Feste, zu denen die Verwandtschaft vom umliegenden Land kam, um Geburtstag, Namenstag, Taufe und Beerdigung mit einem ausgiebigen Besuch von Düsseldorf zu verbinden. Kaum hatte man am Stadttor von einem Abschied genommen, kam der nächste mit Speck und Schinken, Kartoffeln und Kappes in die Stadt, und wenn einmal gar nichts los war, stach der Wirt der Stammkneipe ein neues Fäßchen an, und den konnte man nun auch nicht enttäuschen.

So manch einer wunderte sich, wenn ihn der Schlag traf, daß das Leben schon vorbei war, aber starb doch gefaßt, denn es gab tief verankerte Einsichten, die man in den Rang einer Philosophie erhoben hatte und eine lautete: »So is nun mal dat Leve. Mach wat dran.« Dagegen war nichts einzuwenden, es war die allgemein anerkannte Wahrheit, keiner hätte das Gegenteil behauptet. So ließ man die guten wie die schlechten Zeiten mit einer tiefsitzenden Gleichmütigkeit über sich ergehen, denn erstens konnte man sowieso nichts ändern, zweitens kam alles, wie es kam, und drittens, was man auch machte, es war falsch. Mit solchen Lebensweisheiten versehen, die von Generation zu Generation weiterempfohlen wurden, ließ sich das meiste, was einem im Leben so zustoßen konnte - sei es privates Schicksal oder Auswirkungen der Politik - auf gutmütige Weise ertragen. Waren die Zeiten gut, war man der Meinung, es könnte eigentlich alles besser sein, aber man müsse eben zufrieden sein mit dem, was man habe. Waren die Zeiten schlecht, war man der Meinung, es könne ja alles noch viel schlimmer sein, man solle daher zufrieden sein mit dem, was man habe. So pendelte man sich auf eine Lebensmitte ein, die alles gleich skeptisch und alles gleich humorvoll nahm. »Pitter lot dä Mot nit sinke, lommer uns noch ene drinke«, mit diesen hausgemachten Sprüchen, die alle Gemüter tief befriedigten und Schwermut nie aufkommen ließen, liefen all diese Pitters und ihre Frauen durch die Stadt und verkündeten sich gegenseitig: »Wat man nit kann ändere, muß man loße schlendere.«[20]

Und diese Mentalität herrschte Dieter Forte zufolge nicht nur im Alltagsleben der kleinen Leute, sondern sie war das Kennzeichen ihres stadtbürgerlichen Lebensgefühls, das in Düsseldorf auch den mächtigen irdischen und überirdischen Autoritäten gegenüber Bestand hatte:

»So konnte es der Stadt geschehen, daß sie innerhalb von zehn Tagen die Erhebung ihres Kurfürsten zum König von Bayern feierte, seine Absetzung feierte, danach den neuen Großherzog feierte, den Napoleon einsetzte, da blieb kaum Zeit, nüchtern zu werden und sich Gedanken darüber zu machen, ob man nun zum Großherzogtum Berg oder zu Bayern oder zu Frankreich gehörte. Was einem einfachen Bürger auffiel, waren die immer neuen Geldsorten, die er nur abschätzen konnte, indem er sie schnell in Bierfäßchen umrechnete, woraus sich sofort ergab, daß man für jede neue Münze, die einem die Obrigkeit in die Hand drückte,

20 Dieter Forte, Das Haus auf meinen Schultern. Romantrilogie, Frankfurt a. M. 1999, S. 113-115.

immer weniger erhielt, was im Handumdrehen einen guten Grund ergab, das neue Geld sofort in Genever und Bier zu tauschen. Denn das gute Leben war ihnen heilig, da konnte der Pfarrer mit dem Himmel locken oder mit der Hölle drohen, die fromme Lebensregel ‚Wat kann dat schlechte Leben nützen', stand für einen Bürger dieser Haupt- und Residenzstadt mit ständig wechselnden Herrschern nicht im Widerspruch zu den himmlischen Gesetzen. Und hätte ein Fremder während dieser Feiertage einen Bürger der Stadt befragt, was er zu diesen politischen Vorgängen zu sagen habe, ob es ihn nicht störe, daß die Stadt bei jeder Gelegenheit einen neuen Herrscher erhalte, so hätte der treuherzig geantwortet: ‚Och, darum muß man sich nit groß bekümmere.'«[21]

[21] Ebd., S. 115 f.

Düsseldorf im Fadenkreuz. Die fast vergessene »Tatort«-Stadt

Annegret Middeke
(Georg-August-Universität Göttingen)

Düsseldorf als fiktionaler Ort?

Das Bild einer Stadt wird von vielen Faktoren geprägt. Dabei sind die Primärerfahrungen von Besuchern vermutlich weniger wirkmächtig als die Bilder, die von den Medien transportiert werden. Ob diese eher faktengestützt sind oder auf bereits vorhandenen Stereotypen und selbsterfüllenden stereotypen Erwartungen beruhen, diese Bilder beeinflussen den Blick der Besucher. Das führt nicht selten dazu, dass in den persönlichen, vermeintlich »unverfälscht« vor Ort gewonnenen Eindrücken die tradierten Bilder und populären Klischees erneut auftauchen und bestätigt werden. Auf der nächsten Stufe fließen die verfestigten Sekundärbilder in die Gestaltung literarisch und filmisch erzeugter fiktionaler Welten ein. Wenn diese darüber hinaus den Anspruch erheben wollen, den Eindruck von Authentizität zu vermitteln, werden die erzählten Geschichten geographisch nachprüfbar und in eine glaubwürdige Beziehung zur außerfiktionalen Wirklichkeit gesetzt, wie in jüngster Zeit z. B. in Hans

Pleschinskis Thomas-Mann-Roman »Königsallee« (2013) oder in Christa Holteis historischem Roman »Drei Tage im November« (2019).

Gleichzeitig entwickelt sich der moderne Städtetourismus immer stärker weg von den streng faktenbasierten Führungen rund um klassische Sehenswürdigkeiten hin zu einer erlebnisbasierten, ganzheitlichen Vermittlung von Geschichte und Geschichten einer Stadt. Wo früher die stadtgeschichtlichen Belehrungen anhand von Stein gewordenen Denkmälern vergangener Epochen allenfalls mit Anekdoten aufgelockert wurden, gibt es mittlerweile eine Vielzahl von Führungen, bei denen sich das Verhältnis umgekehrt hat: Gassen, Häuser oder Zimmer illustrieren Geschichten und machen sie – mitunter verstärkt durch einen »Fremdenführer« in historischem Outfit oder gar in einem szenischen Spiel – persönlich erlebbar. Nicht der historische Ausnahmecharakter einer Sehenswürdigkeit, sondern ein Narrativ macht die Stadt interessant und beliebige Orte, die man kennenlernt und als Erinnerung an die zu ihnen gehörende(n) Geschichte(n) gern auch fotografiert, zu etwas Besonderem.

Großer Beliebtheit erfreuen sich in neuester Zeit Führungen zum Thema Verbrechen und Halb- bzw. Unterwelt. Solche Crime Tours werden bevorzugt nachts durchgeführt und bei einigen werden sogar die Morde von spektakulären Kriminalfällen schauspielerisch in Szene gesetzt. Großstädte wie Hamburg, Berlin, München und Köln haben einiges in dieser Hinsicht zu bieten.[1] In Düsseldorf nimmt sich das Angebot vergleichsweise bescheiden aus: Im Katalog von »Düsseldorf Tourismus« sind keine Verbrechensorte unter den Stadtführungen zu finden,[2] nur eine

---

1 Verbrechen hautnah: Mit dem Bus zum Tatort Berlin (https://www.berlin.de/tourismus/insidertipps/2194988-2339440-verbrechen-hautnah-mit-dem-bus-zum-tator.html); Stadtführung mit Schauspiel – Tatort München (https://www.stadtvogel.de/einzelpersonen/details/stadtfuehrung-mit-schauspiel-tatort-muenchen.html); Hamburg: St. Pauli Sex & Crime Rundgang ab 18 Jahren (https://www.getyourguide.de/hamburg-l23/sex-crime-rundgang-auf-st-pauli-t39525); Kölns dunkle Seite: Gauner, Ganoven, Guillotine – Kriminaltouren (https://www.koeln-erlebnistouren.de/touren/kriminaltouren) (alle 19.2.2020).

2 Die Stadt entdecken. Stadtführungen in Düsseldorf (https://www.duesseldorf-tourismus.de/buchen/stadtfuehrungen [19.2.2020]).

freiberufliche Stadtführerin hat eine nächtliche Tour »durch Düsseldorfs kriminelle Altstadt« im Programm, allerdings ohne feste Termine oder Preise.[3] Mit den genannten größeren und älteren Städten kann die NRW-Landeshauptstadt nicht mithalten, obwohl Düsseldorf als Crime City einst weltweit ein Begriff war. Doch die Zeiten, in denen der als »Vampir von Düsseldorf« berüchtigte Serienmörder Peter Kürten sein Unwesen trieb, liegen an die hundert Jahre zurück und sind weitgehend in Vergessenheit geraten.

Warum sind solche Touren sogar in den nordrheinwestfälischen Nachbarstädten viel populärer als in der Landeshauptstadt? Selbst beim unmittelbaren Nachbarn Duisburg[4] – kleiner als Düsseldorf, ärmer als Düsseldorf und nicht einmal sexy –, in Dortmund[5] und in Münster, wo es besonders viele Angebote zu geben scheint,[6] kommen die abenteuerlustigen Krimitouristen auf ihre Kosten. Dahinter steht in allen diesen Städten das Fernsehen, genauer gesagt die Krimi-Serie »Tatort«, die vermutlich das Bild einer Stadt in der deutschen Öffentlichkeit nachhaltiger prägt als das klassische Stadtmarketing. Als »eine Art Werbefilm« bezeichnet auch der Journalist Mark Terkessides den »Tatort«: »Die Krimireihe entwirft ein Image der Städte. Und dieses Image ist für die Städte im Rahmen der Standortkonkurrenz höchst bedeutsam.«[7]

Dabei stellt das Medium das Verhältnis von Realität und Fiktion auf den Kopf: Während in den klassischen Stadterlebnistouren historisch Verbürgtes phantasievoll erzählt und ausgeschmückt wird, schafft die erfundene Handlung neue materielle Fakten, quasi-historische Persönlichkeiten und medial beglaubigte Orte, die des Sehens würdig sind – ein

---

3 Kax, Kaschott und Karzer – Düsseldorfs Kriminelle Altstadt (https://www.stadtstreicherin.de/stadtfuehrungen-duesseldorf/duesseldorf-bei-nacht/ [19.2.2020]).

4 Schimmi-Tour pur (https://du-tours.de/touren/schimmi-tour-pur [19.2.2020]).

5 Bustour zum Tatort Dortmund (https://visit.dortmund.de/touren/bustour-tatort-dortmund [19.2.2020]).

6 Tatort Münster Krimitour (https://k3.de/muenster/tatort/krimitour [19.2.2020]).

7 Mark Terkessides: Der Heimatflüsterer, in: du. Zeitschrift für Kultur 779, 2007, S, 26-27, hier: S. 27.

Glücksfall für das Stadtmarketing. Bei Düsseldorf jedoch scheint in dieser Hinsicht etwas schief gelaufen zu sein.

Faszination »Tatort«[8]

Der »Tatort« ist mit jeweils rund 10 Mio. Zuschauern bei durchschnittlich 35 Sendungen pro Jahr die beliebteste Fernsehserie in Deutschland – und das seit 50 Jahren. »Warum niemand der Faszination ,Tatort' entkommt« – mit dieser Frage befasst sich nicht nur die Tageszeitung »Die Welt«, in deren gleichnamigem Artikel es heißt: »Wenn Klaus Doldingers Fanfare ertönt, wenn das Augenpaar aus dem Fernseher blickt, wenn das Fadenkreuz sich aufbaut, dann ist das ein definitiver Moment guten deutschen Alltags.«[9] Als deutsch, »typisch deutsch«,[10] gar »heimliches Nationalsymbol«[11] wird der »Tatort« u. a. wegen seines dem Föderalismus der Bundesrepublik verpflichteten Regionalkonzeptes verstanden. Von Beginn an gab es statt des einen durchgehenden Ermittlers[12] im »Tatort« einen pro Sender – und in den ersten Jahren darüber hinaus in jeder Folge einen Gastkommissar aus einer anderen Region. »Tatort«-Erfinder Gunther Witte bezeichnet »die föderale Struktur der ARD« als eine der entscheidenden Stärken des »Tatort«, dessen besonderer Reiz schließlich im »unterschiedliche[n] Charakter der deutschen Bundesländer« liege.[13] Hinzu

8 Technische Daten zu allen genannten »Tatort«-Folgen finden sich in der Reihenfolge ihrer Nennung in Abschnitt 6.

9 Philip Cassier: Warum niemand der Faszination »Tatort« entkommt, in »Die Welt«, 21.12.2014 (https://www.welt.de/icon/article135601977/Warum-niemand-der-Faszination-Tatort-entkommt.html [19.2.2020]).

10 Marc Reichwein: Was der »Tatort« über die Deutschen sagt, in »Die Welt«, 11.10.2011 (https://www.welt.de/print/die_welt/kultur/article13653384/Was-der-Tatort-ueber-die-Deutschen-sagt.html [19.2.2020]).

11 Eike Wenzel: Tatort – Deutschland. Eine Einleitung, in: Eike Wenzel, Ermittlungen in Sachen tatort. Recherchen und Verhöre, Protokolle und Beweisfotos, hg. v. dems., Berlin 2001, S. 7-18, hier: S. 7.

12 Wie z.B. in der damals beliebten ZDF-Serie »Der Kommissar«.

13 Gunter Witte: Populares Panorama. 300 Mal Tatort: Starke Vergangenheit,

kommen Österreich und die Schweiz, denn der »Tatort« ist, wenngleich 1970 mit »Taxi nach Leipzig« im Ersten Deutschen Fernsehen gestartet, eine Gemeinschaftsproduktion von ARD, ORF und SRF. 1971 erschien mit »Mordverdacht« der erste österreichische und 1990 mit »Howalds Fall« der erste Schweizer »Tatort«.

Aktuell gibt es nach dem quotenbedingten Ende der Folgen aus Luzern keinen Schweizer »Tatort«, nur einen in Österreich und 16 »Tatorte« – davon drei in Nordrhein-Westfalen – in elf deutschen Bundesländern.[14] In NRW sind es Köln (seit 1997 mit den aktuellen Ermittlern[15]), Münster seit (2002) und Dortmund (seit 2012). Düsseldorf spielt – ebenso wie Essen und Duisburg, die ihre großen »Tatort«-Zeiten in den 1970er und 1980er Jahren hatten – nicht mehr mit, was aber nicht bedeutet, dass es keine Beziehung zwischen der Stadt Düsseldorf und dem »Tatort« gäbe.

In der achten Forensischen Nacht, einer Benefizveranstaltung des Rotary Clubs Düsseldorf-Kaiserpfalz, gewährten im November 2017 Düsseldorfer Rechtsmediziner und Beamte der Kriminalpolizei im Universitätsklinikum Einblicke in ihre Arbeit und zwar anhand von ausgewählten »Tatort«-Fällen aus Köln, deren Realitätsgrad sie fachwissenschaftlich begründetet prüften. »Die Düsseldorfer haben bei den Kölner Fernseh-Kollegen einige Fehler entdeckt…«, heißt es lakonisch, wiewohl mit andeutungsvollen drei Pünktchen auf der Homepage der Universität

---

glänzende Zukunft, in: TATORT: 300!, hg. v. der Pressestelle und der Abteilung Öffentlichkeitsarbeit des Westdeutschen Rundfunks, 1994, S. 22-30, hier: S. 24. Der Korrektheit halber muss erwähnt werden, dass in dieser Perspektive insofern eine Ungenauigkeit gegenüber der plurizentrischen Realität des Deutschen steckt, als die sonntäglichen Verbrechen im Namen des »Tatorts« ja nicht nur in der BRD mit ihren früher elf, heute sechszehn Bundesländern geschehen.

14 Schleswig-Holstein (Kiel), Niedersachsen (Hannover), Hamburg, Berlin, Nordrhein-Westfalen (Münster, Dortmund, Köln), Thüringen (Weimar), Sachsen (Dresden), Hessen (Wiesbaden, Frankfurt), Rheinland-Pfalz (Ludwigshafen), Bayern (Nürnberg, München), Baden-Württemberg (Stuttgart, Freiburg).

15 Der erste Kölner Tatort »Kressin und der Mann mit dem gelben Koffer« (Folge 22) mit Zollfahnder Kressin (Vorname unbekannt) als leitendem Ermittler wurde 1972 ausgestrahlt.

Düsseldorf.[16] Großmütig gegenüber den Ermittlerteams, die aktuell noch oder insgesamt länger beim »Tatort« waren als das Team aus Düsseldorf, zeigte das Düsseldorfer Filmmuseum von Oktober 2010 bis Januar 2011 eine »Tatort«-Sonderausstellung anlässlich des 40. Jubiläums der Serie. Damals war Bernd Flemming, der einzige Düsseldorfer »Tatort«-Hauptkommissar, bereits 13 Jahre »im Ruhestand«. Fünf Jahre hatte er mit seinem Team, Kriminalkommissarin Miriam Koch und Kriminalhauptmeister Max Ballauf, der allerdings 1994 nach Kanada ausgewandert ist, in insgesamt 15 Folgen (davon acht mit Max Ballauf) Verbrecher in Düsseldorf und Umgebung gejagt. Am Ende geht Bernd Flemming in den Vorruhestand, um sich auf seinem Hausboot in Holland den Traum von einem Aussteigerleben zu erfüllen. Miriam Koch heiratet ihren langjährigen Verlobten und wird schwanger und Max Ballauf wechselt nach seiner Rückkehr aus Kanada ins Mordkommissariat Köln. Damit endet die Düsseldorfer »Tatort«-Ära (wobei Ballauf seine Ermittlertätigkeit in Köln nur dank der Fürsprache eines alten Freundes aus dem LKA Düsseldorf fortsetzen kann).

Die Zuschauerzahlen liegen anfangs im und über dem Durchschnitt. Der erste und der dritte Fall aus Düsseldorf verzeichnen gar über 14 Mio. Zuschauer, doch sinken die Zahlen kontinuierlich und erreichen im zwölften Fall mit 5,35 Mio. ihren Tiefstwert. Im dreizehnten Fall erreichen sie wieder über 10 Mio., was möglicherweise an der Starbesetzung mit Maria Schell und Ina Weisse liegt, die kurz zuvor ihr Kinodebüt mit »Echte Kerle« hatte; doch sinken sie erneut auf ca. 7,5 Mio. Zuschauer. Was bleibt, sind 15 Düsseldorfer »Tatort«-Produktionen, die zuweilen im Ersten Deutschen Fernsehen oder auf einem der dritten Programme wiederholt werden und im Internet bei Tatort.Tube zu finden sind.

Den Zuschauern, auch den einheimischen, präsentiert sich die fiktionalisierte und medial erzeugte Stadt als »konsumierbare Kulisse«[17] für ein sonntägliches »Mordsvergnügen«, aber auch als Einladung zu einer Betrachtung »mit fremden Augen«.

---

16 Siehe https://www.uni-duesseldorf.de/home/startseite/news-detailansicht-inkl-gb/article/realitaet-oder-reine-fiktion-duesseldorfer-rechtsmedizinerinnen-und-kriminalbeamte-sezieren-den-koe.html (19.2.2020).

17 Terkessides [Anm. 7], S. 27.

Das semiotische Doppelspiel

»Tatort Düsseldorf« ist ein singulärer Terminus für einen fiktionalen Ort und dessen reales Referenzobjekt zugleich. Doch anders als bspw. in Dokumentarfilmen oder Reiseberichten zielt im Spielfilm die narrative Inszenierung des realen Ortes nicht auf dessen möglichst »authentische« Darstellung, sondern auf die außerfiktionale Perspektivierung des innerfiktionalen Geschehens. Unter den Bedingungen der »Semiotizitätsvermutung«[18] ist der fiktionale Ort als Träger semiotischer Bedeutungen wahrzunehmen, der zum einen durch seine real existierenden Namen und Plätze (hier Düsseldorf: das linke Rheinufer, der Derendorfer S-Bahnhof, die Bolkerstraße, der »Tausendfüßler« u. a.) und zum anderen durch sein erzähllogisches Funktionieren dem Zuschauer als vertraut (oder zumindest vage bekannt) und gleichsam real präsentiert wird. Laut Jurij Lotman haben wir es mit einem »komplexen Verhältnis« zwischen der im Prozess der Semiogenese (Zeichenerzeugung) filmisch erzeugten Welt und »ihrer realen semiotischen ‚Karte‘« sowie der »alltäglichen Realität, die jenseits der Semiotik liegt«, zu tun.[19]

Dieses Spannungsverhältnis kann beim »Tatort« durch kaum etwas besser verdeutlicht werden als durch die Auseinandersetzung zwischen dem Dortmunder Oberbürgermeister Ullrich Sierau und dem WDR bezüglich des negativen Dortmund-Bildes in der »Tatort«-Folge »Zorn« (die im Übrigen zum Großteil im Landschaftspark Duisburg-Nord gedreht wurde). Sierau wertet »Zorn« als »Mobbing gegenüber einer Stadt, einer Region sowie den dort lebenden Menschen«, was der WDR mit dem Hinweis auf Fiktionalität beantwortet: »Der Tatort ist Fiktion – aus dramaturgischen Gründen wird auch verdichtet und zugespitzt. Dadurch können einzelne Szenen von den einen als Klischees empfunden werden, von anderen als realitätsnahe Darstellungen.«[20] Prompt liefert »Ruhr 24«

---

18 Jurij M. Lotman: Die Innenwelt des Denkens, 1. Aufl., Berlin 2010, S. 170.

19 Ebd., S. 171.

20 Tatort Dortmund. Stellungnahme des WDR zum offenen Brief des Dortmunder Oberbürgermeisters, 22.1.2019 (https://presse.wdr.de/plounge/tv/das_erste/2019/01/20190122_tatort_dortmund.html [19.2.2020]).

topographische Belege dafür, dass »[g]anz so viel Dortmund, wie sich mancher Zuschauer vielleicht wünschen würde«,[21] in der fraglichen »Tatort«-Folge gar nicht zu finden sei. Schauspieler Jörg Hartmann (Hauptkommissar Peter Faber) trifft sich mit Oberbürgermeister Sierau auf »ein Pilsken«, und am Ende schmieden sie den gemeinsamen Plan, »,Faber-Touren' durch Dortmund« zu organisieren, bei denen auch die schönen Seiten der Stadt gezeigt werden sollen.

Durch die Überlagerung von Realem und Fiktionalem und deren gezielte, wechselseitige Inanspruchnahme entsteht eine doppelte Sichtweise auf den filmisch dargestellten Raum.[22] Die filmtheoretische Grundlage dafür bildet das Mimesis-Postulat, welches Friedhelm Werremeier, Drehbuchautor des ersten und zahlreicher weiterer »Tatort«-Folgen, mit den Worten des langjährigen ARD-Fernsehspielkoordinators Horst Jaedicke als »dokumentarisch und fiktiv zugleich« beschreibt: »Das Dokumentarische ist so verändert, daß sich niemand erinnern fühlen wird, wenn er es nicht will. Fiktives (jedoch) ist so realistisch, dass es passieren könnte, auch wenn es gar nicht passiert ist!«[23] Doch ist das beim »Tatort« längst nicht alles, denn die Hybridisierungseffekte reichen weit über die Grenzen des wirklichkeitsnah arrangierten, fiktionalen Geschehens hinaus und bewirken, dass sich dieses im außerfiktionalen Raum verselbständigt und seinen Akteuren eine Art Doppelleben beschert. Das gilt in besonderem Maße für den Duisburger »Tatort«, von dem, bei welcher Zählung auch immer, es regelmäßig mehrere unter »die erfolgreichsten ,Tatort'-Folgen seit ....« schaffen. Vermutlich hält er auch den Rekord bei der Erzeugung von Para- und Metatexten, wozu bspw. Interviews, Making-ofs, kritische

---

21 Halde in Hombruch? So viel Dortmund steckte im Tatort »Zorn«. 12.1.2019 (https://www.ruhr24.de/dortmund/halde-hombruch-viel-dortmund-steckte-tatort-zorn-13148626.html [19.2.2020]).

22 Diese Beobachtung ist nicht neu, sondern der Theorie des Theaters entliehen, welches den fiktiven Ort des Geschehens auf den realen Ort der Bühne bringt, wodurch die Simultaneität der Zeichensysteme unmittelbar physisch erfahrbar wird.

23 Friedhelm Werremeier: Methusalems Jugend. Gedanken zum 300. Geburtstag eines jungen, alten Freundes, in: TATORT: 300!, hg. v. der Pressestelle und der Abteilung Öffentlichkeitsarbeit des Westdeutschen Rundfunks, 1994, S. 38-45, hier: S. 42.

Besprechungen, Zuschauerbewertungen, aber eben auch die ‚Übersetzungen' und Fortschreibungen des Fiktionalen ins Reale zählen, wie u.a. die oben erwähnten Crime Tours. Para- und Metatexte sind nicht zu unterschätzende Faktoren für das »Make-Believe«-Spiel, in welchem zu guter Letzt auch der Zuschauer eine Doppelrolle besetzt, da er sowohl am filmischen Geschehen partizipiert als sich auch als externe Person begreift, die sich diese Positionsverschiebung jederzeit bewusst machen und aktiv handelnd in beide Richtungen vollziehen kann. Dies geschieht z. B., wenn der trendbewusste Mann der 1980er Jahre eine »Schimmi«-Jacke trägt, die Journalisten Dunja Hayali anlässlich des Todes von Götz George »mach's gut #Schimanski« twittert oder die Jusos der Universität-Gesamthochschule Duisburg vorschlagen, diese in »Horst Schimanski-Universität« umzutaufen. Die Verselbständigung des beliebtesten »Tatort«-Kommissars aller Zeiten beschrieb der Schauspieler so: Es sei »Tatsache, dass die Leute sagen: ‚Hallo Schimanski!', Und wenn ich sage: ‚Ich bin nicht Schimanski', dann sagen die: ‚Entschuldigen Sie, Sie sehen genauso aus.'«[24]

Solche phantasiereichen Exaltationen haben mit dem Kultstatus des »Ruhrpott-Rambos« Horst Schimanski zu tun, den sein eigenbrötlerischer Düsseldorfer Nachfolger nicht einmal annähernd hat erreichen können. Das Verdienst der Schimanski-»Tatorte« lag ja nicht nur in dem Bruch mit der patriarchalen, staatsaffirmativen Ermittlerkonzeption,[25] sondern auch in der Konstruktion eines ganz anderen Bildes vom Staat und der deutschen Justiz. In dieser handele, so der Historiker Christoph Classen, der »‚deutsche Traum' vom Kommissar [...] nicht länger von der väterlichen Autorität eines ‚guten' Staates, sondern von der Authentizität

24 Zit. nach Beatrix Novy: Zum Tod von Götz George. Der Anti-Typ, in Deutschlandfunk, 26.6.2016 (https://www.deutschlandfunk.de/zum-tod-von-goetz-george-der-anti-typ.691.de.html?dram:article_id=358479 [19.2.2019]).

25 Die Zäsur wurde in der ersten Folge symbolisch mit einem abschätzigen Blick von Horst Schimanski auf ein in Form eines Werbeplakates für Fotoapparate eingeblendetes Bild von Jörg Felmy, der den Zuschauern als »Tatort«-Vorgänger Heinz Haferkamp bekannt ist, verdeutlicht (min. 1:03:03 ff.).

des Individuums und seinem couragierten Einsatz für eine (etwas) bessere Welt.«[26] Der Schimanski ablösende Düsseldorfer Hauptkommissar Bernd Flemming, der das Herz und die Beherztheit besitzt, eine polizeilich gesuchte, (angeblich) psychisch kranke, junge Frau im eigenen Auto an den Straßensperren vorbei zu schmuggeln (»Die Frau an der Straße«), entspricht diesem neuen Bild.[27] Doch werden im Unterschied zu den Schimanski-»Tatorten« hier keine Tabus gebrochen und keine Zäsuren gesetzt.

Flemming ist ein naturverbundener Eigenbrötler mit analytisch scharfem Verstand, der einen verschlissenen, beigebraunen Cordanzug trägt und mit seinem Sohn auf einem Bauernhof unweit von Düsseldorf lebt – und damit trefflich in die Zeit der beginnenden 90er Jahre passt. »Der Kommissar raucht Hasch!«, jubiliert die »Neue Westfälische«[28] nach der Ausstrahlung des Düsseldorfer »Tatorts« »Gefährliche Freundschaft«. Auch sein Team trifft den Nerv der Zeit. Kriminalkommissarin Miriam Koch – Tochter aus gutem Hause, abgebrochenes Soziologiestudium in Marburg und verlobt mit dem leitenden Düsseldorfer Staatsanwalt – kommt mit 28 Jahren zur Kriminalpolizei. Dort hebt sie sich durch ihren betont femininen Kleidungsstil, aber auch durch ihre zackige Tüchtigkeit und spitze Zunge wohltuend von den beiden männlichen Kollegen ab. Wie es zu diesem Rollenzuschnitt kam, beschreibt Roswitha Schreiner 2010 im Rückblick auf 40 Jahre »Tatort«-Geschichte: »,Ich überlegte mir gut, wie ich mich zwischen den beiden Kerlen etablieren und mich von Ulrike Folkerts, der damals einzigen Kommissarin, unterscheiden, könnte. […] Lederjacke und Hosen kamen nicht in Frage. Also beschloss

[26] Christoph Classen: »Ruhrpott-Rambo«. Die Schimanski-Tatorte und der Wandel von Gewalt in westdeutschen Fernsehkrimis, in: Zeithistorische Forschungen/Studies in Contemporary History, Online-Ausgabe, 15, 2018, 2 (https://zeithistorische-forschungen.de/2-2018/5603 [19.2.2020]).

[27] Das wiederum entspricht dem Mimesis-Postulat der Serie, das ja nicht nur nach milieugerechten, im bundesdeutschen bzw. österreichischen und später Schweizer Alltag verorteten, gegenwartsbezogenen Geschichten, sondern auch nach epochentypischen Ermittlerfiguren verlangt.

[28] Zit. nach: TATORT: 300!, hg. v. der Pressestelle und der Abteilung Öffentlichkeitsarbeit des Westdeutschen Rundfunks, 1994, hier: S. 51.

ich, auf Stöckelschuhen und im Minirock auf Verbrecherjagd zu gehen.«[29] Der Dritte im Bunde, Kommissarhauptmeister Max Ballauf ist chronisch klamm und deshalb ständig in mehr oder weniger seriöse, zudem erfolglose Nebengeschäfte verwickelt. Mit den Worten: »Mensch, die Enge und der Mief hier, das passt dir doch auch nicht!« (min. 01:05:30), gibt er in Folge acht bekannt, nach Kanada auswandern zu wollen.

Dieses heterogen zusammengesetzte Ermittlerteam, in dem durchaus gezankt, gezickt und geschmollt wird, aber vor allem gegenseitiger Respekt herrscht, illustriert im Düsseldorfer »Tatort« die zu dieser Zeit viel beschworene »Pluralisierung der Lebensstile«.[30] Die wiederum korreliert, auch wenn »die Koch« ihren Vorgesetzten fast ausschließlich mit »Chef« anspricht, mit einer Verflachung der behördlichen Hierarchien und einer Vervielfachung und Diversifizierung der aufklärerischen Grundansätze. Waren die Rollen von Kriminalhauptmeister Willi Kreuzer und Kriminalhauptkommissar Christian Thanner in erster Linie als Sidekicks von Heinz Haferkamp und Horst Schimanski konzipiert, so sind die von Koch und Ballauf differenzierter, komplexer und stärker ausgeleuchtet und im Zusammenspiel mit dem Vorgesetzten weniger schematisch.

Zu Kultfiguren wie Schimmi und Thanner sind die Drei aus Düsseldorf nicht avanciert. Dennoch sind auch sie mit auf Wiedererkennbarkeit zielenden, mehr oder weniger auffälligen Attributen ausgestattete Kunstfiguren, die in einem doppelt kodierten sozialen Raum agieren. Mit Horst Schimanski, der im Juni 1981 in der Folge »Duisburg – Ruhrpott« wie ein Orkan durch die deutschen Wohnzimmer rauschte, wurde erstmalig der Regionalbezug des »Tatort« explizit umgesetzt;[31] und Duisburg und

[29] Zit. nach: Ausstellung im Filmmuseum: Kommissarin zurück am Tatort. 20.12.2010 (https://rp-online.de/nrw/staedte/duesseldorf/kommissarin-zurueck-am-tatort_aid-12448925 [19.2.2020]).

[30] Genauer seit Ulrich Becks bahnbrechendem Aufsatz »Jenseits von Stand und Klasse?« aus dem Jahr 1983.

[31] Terkessides [Anm. 7], S. 26. Und gewiss ist der »Tatort« auch ein Wegebereiter für die heute so beliebten Regionalkrimis.

das ganze Ruhrgebiet wurden mit ihm zum Kult.[32] Wie steht es um die Rheinmetropole Düsseldorf?

Spurensicherung und Beweisaufnahme in Düsseldorf

Bei unserer Spurensuche steht nicht das Verhältnis zwischen dem semiotischen und dem empirischen bzw. lebensweltlichen Düsseldorf im Mittelpunkt, und erst recht soll und kann die fiktionale Welt nicht auf ihren »Wahrheitsgehalt« untersucht werden. Es geht also nicht um die Frage, wieviel »echtes Düsseldorf« im Düsseldorfer Tatort steckt. Abgesehen davon, dass die Ausbeute enttäuschend gering wäre, da die Düsseldorfer »Tatort«-Folgen in der »Bavaria München« gedreht wurden, und auch die meisten Außenaufnahmen aus München stammen (ein kleiner Trost: Einzelne Szenen für Duisburger und sogar Kölner Folgen – die BILD-Zeitung bezeichnete es als »Fremdgehen«[33] – wurden in Düsseldorf gedreht), ist eine solche Fragestellung für konstruktivistische und imagologische Untersuchungen unerheblich. Den »Tatort«-Machern hingegen war die geografische Simulation offenbar so peinlich, dass dies lange verschwiegen wurde. Erst im Oktober 2003 in der Sendung »Ein roter Teppich… für den WDR-Tatort« wurde eingeräumt, dass die Rheinbrücke einer der wenigen authentischen Schauplätze sei. Trifft damit das von Mark Terkessides formulierte Paradox zu, dass, »je mehr der ›Tatort‹ sich der Heimat verschreibt«, diese desto weniger »mit den tatsächlichen Charakteristika eines bestimmten Ortes zu tun« habe?[34] Das mag sein, doch spielt, konstruktivistisch betrachtet, die semiauthentische Raumkonstruktion keine Rolle, denn es geht allein um die Frage, welche Raumrepräsentationen geschaffen werden und welche immanenten Bedeutungsdimen-

---

[32] Es gibt inzwischen Schimanski-Fan-Bücher und außerdem zahlreiche wissenschaftliche Publikationen, die sich mit den Imagekriterien der Figur Schimanski befassen.

[33] Tatort Düsseldorf. Kölner Stars drehen fremd am Niederrhein, 10.4.2014 (https://www.bild.de/regional/koeln/tatort/koelner-stars-drehen-wegen-tresen-in-duesseldorf-35442606.bild.html 19.2.2020]).

[34] Terkessides [Anm. 7], S. 27.

sionen die doppelte Sicht auf den filmisch konstituierten und semiotisch lesbaren Raum eröffnet.

Düsseldorfer Schauplätze

Auffällig beim Düsseldorfer »Tatort« ist nicht nur, dass tatsächlich sehr wenige Originalschauplätze gezeigt werden, sondern auch, dass diese über die Konstruktion einer urbanen Szenerie hinaus keine bedeutungskonstituierende Funktion besitzen. Mal ist es der »Tausendfüßler«, mal die Oberkasseler Brücke, mal eine Baustelle auf der B1 am rechtsrheinischen Ufer, wo zum Zeitpunkt der Dreharbeiten der Düsseldorfer Rheinufertunnel entstand, mal das städtische Hallenbad an der Münsterstraße (»Hallenbad Mitte« im »Tatort«), das seit seiner Sanierung 2003 als »Münster-Therme« bekannt ist, und mal die Kunstsammlung Nordrhein-Westfalen, an deren Fassade mit einem Werbeplakat auf die Ausstellung »Running Arcs« von Richard Serra hingewiesen wird, die vom 12.9. bis 13.12.1992 dort gezeigt wurde. Die KÖ wird nur beiläufig durch eines der graphitgrauen Telefonhäuschen angedeutet, die im Jahr 1985 eigens für den Prachtboulevard entwickelt wurden, die Düsseldorfer Altstadt wird gar nicht in Szene gesetzt.

Im Unterschied zum Kölner »Tatort«, der (bis auf wenige Ausnahmen) rituell an einer Würstchenbude mit Blick auf den Dom endet, wird in den Düsseldorfer Folgen kein städtisches Wahrzeichen zur Imagebildung aktiviert. Stattdessen werden Düsseldorf-Repräsentationen in hohem Maß über Index-Zeichen wie Stadtpläne, Anzeigetafeln am Flughafen und Hauptbahnhof, Straßenschilder oder signifikant lange eingeblendete Düsseldorfer Autokennzeichen konkretisiert. Hinzu kommen fiktive Schlagzeilen im Düsseldorfer »Express«, eine Vereinsflagge von »Fortuna Düsseldorf« sowie akustisch transportierte Standortinformationen bei Fahndungs- und Verkehrsdurchsagen. Mithilfe solcher Zeichen, die wie Beschriftungen von Etiketten funktionieren, werden die für den Plot bedeutungstragenden Schauplätze mit Düsseldorf in Verbindung gebracht.

In seiner ersten Folge »Der Mörder und der Prinz«, die am 17. Mai 1992 ausgestrahlt wurde, setzt der Düsseldorfer »Tatort« ein Regionalstatement. Indem er mit einem Karnevalsdelikt startet, wird Düsseldorf als Hochburg des rheinischen Brauchtums inszeniert und tritt damit in

Konkurrenz zu der legendären Kölner Folge »Tote Taube in der Beethovenstraße« aus dem Jahr 1973, in der ebenfalls ein Rosenmontagsumzug im Mittelpunkt steht.

Zugleich ist Düsseldorf aber auch Modemetropole, Stadt der Wirtschaft und des Geldes. Schon in »Der Mörder und der Prinz« ist das erste Mordopfer ein Mannequin. Die junge Frau ist die Geliebte des Karnevalsprinzen, eines wohlhabenden Leiters einer fiktiven Elektronikmarktkette. Große Büros mit Kunstgegenständen als Statussymbole traditionsreicher Familienunternehmen, hochmoderne, noble Arztpraxen und imposante Privatkliniken und immer wieder luxuriöse Villen mit zum Teil gediegenem, zum Teil protzigem Mobiliar und reinrassigen Zuchthunden prägen das Düsseldorfbild in den Folgen »Unversöhnlich«, »Schwarze Bilder«, »Gefährliche Freundschaft«, »Die Frau an der Straße«, »Tod eines Wachmanns«, »Herz As«, »Tod eines Auktionators« und »Brüder«. In »Schwarze Bilder« erlebt der Zuschauer die Vorbereitung und Durchführung einer Modenschau von einer in Paris lebenden Modedesignerin, die – bei klassischer Musik mit einem Glas Champagner in einer Luxusbadewanne liegend – sich selbst mit Coco Chanel vergleicht. Selbstverständlich besucht sie in Düsseldorf die Kunsthalle.

Kunst ist ebenfalls ein Imagemarker der »Tatort«-Stadt Düsseldorf. Diesen Aspekt betonen eine Gipswerkstatt in der Kunstakademie in »Mord in der Akademie« sowie ein Auktionshaus und Antiquitätenladen in »Tod eines Auktionators«. Mit dem Verweis auf die Kunstszene als Schauplatz des Verbrechens wird einer der bestens dokumentierten Glanzpunkte der Stadt, nämlich die über 200-jährige Erfolgsgeschichte als europäische Kunstmetropole, in Erinnerung gerufen. Das rege künstlerische und literarische Schaffen im Zuge der Rheinromantik kommt dem Image der Stadt bis heute zu Gute.

Weiterhin inszeniert sich Düsseldorf als Universitätsstadt – in »Mord in der Akademie« wird demonstrativ der Linienbus Nr. 836 mit der Aufschrift »Universität Süd« eingeblendet – wobei die studentischen Schauplätze einen Gegenpol zu denen der Düsseldorfer High Society bilden, etwa in Form eines Studentenprotests im Auktionshaus gegen den kolonialen Rassismus beim Versteigern von Militaria aus ehemals deutschen Kolonien oder einer Studenten-WG, in der die Geliebte eines Düsseldorfer Politikers, Studentin der Politikwissenschaften an der Heinrich-

Heine-Universität, gelebt hat, bevor sie in dessen Dienstlimousine erschossen wurde.[35] »In einer ziemlich noblen Gegend, Hochstraße« (min. 06:45), informiert Kommissar Flemming den Freund der Ermordeten, der ebenfalls in der WG wohnt und sich mit Zeitungaustragen finanziell über Wasser hält, bezüglich des Fundortes der Leiche, was dieser freilich nicht glauben kann.

Besonders grell wird in dem medial konstruierten (wohlgemerkt: als Karnevalsstadt gestarteten) Düsseldorf der Aspekt der Internationalität herausgestrichen. Kaum eine Düsseldorfer »Tatort«-Folge, die ohne Verweis auf den Flughafen auskommt, seien es Bilder von der Abflughalle oder von Anzeigetafeln mit LH- oder LTU-Flügen oder die Erwähnung eines Flugscheins nach Rio de Janeiro. Düsseldorf ist das Tor zur weiten Welt. In der Wirtschafts- und Modewelt wird Spanisch, Englisch und Französisch gesprochen. Es sind inszenierte Kommunikationssituationen (ein unübersetztes spanischsprachiges Telefonat aus dem Sekretariat einer Privatklinik, letzte Anweisungen der Modedesignerin – auf Französisch – an die Mannequins, bevor die Modenschau beginnt) ohne konzeptuelle Inhalte, sondern einzig mit der soziosymbolischen Funktion, Fremdheit zu evozieren. Matthias Jung bezeichnet solche »sprachlich kalkulierten Evokationen und Instrumentalisierungen von Andersheit« als »Xenismen«.[36] Ihr Aussagewert ist sekundär, ja unbedeutend im Vergleich mit der Konstruktion einer internationalen, kosmopolitischen oder mondänen Aura. Dazu passen die großen Kontexte der Düsseldorfer »Tatorte«, von denen die Fiktion eines verhinderten Attentats auf Queen Elizabeth II. in der Tatort-Folge »Tod eines Wachmanns« wohl der spektakulärste ist. Kurz bevor der »Tatort« gesendet wurde, war die Queen tatsächlich auf Staatsbesuch in Deutschland, allerdings in dem Jahr nicht in Düsseldorf. Ein filmisch wenig origineller, doch bezüglich des Düsseldorfbildes wirkungsvoller Kunstgriff ist der Einschub einer TV-Übertragung des royalen Ereignisses in das erzählerische Geschehen. Zwar ist auch diese fiktiv, doch besteht der »Text-im-Text«-Effekt darin, dass ein Wechsel im

[35] In der Folge »Brüder«.

[36] Matthias Jung: Sprachgrenzen und die Umrisse einer xenologischen Linguistik, in: Jahrbuch Deutsch als Fremdsprache 1993, hg. v. Alois Wierlacher et al., München, 1994, S. 203-230, hier: S. 213.

semiotischen Wahrnehmungssystem erzwungen wird, durch welchen der Haupttext weiterhin als Fiktion, der eingeschobene Text indes als real empfunden wird. In der pseudo-dokumentarischen Sequenz berichtet der Fernsehsprecher über den Konvoi der Queen und affirmiert en passant eines der populärsten Düsseldorf-Klischees: »Die Kinder winken der Queen mit den englischen Fähnchen fröhlich zu, ehe der Konvoi eine der Kanalbrücken überquert – eine geradezu ländliche Idylle inmitten dieser Geschäftsstadt Düsseldorf.« (min. 36:44 ff.).

Düsseldorfer Milieus

Ein Jahr nach dem Ende der US-amerikanischen Serie »Dallas« und drei Jahre nach dem »Denver-Clan«, bei denen die skrupellose, unmoralische Seite des Kapitalismus eine ungeheure Faszination auf die Zuschauer von ARD und ZDF ausübte, meldet sich der Düsseldorfer »Tatort« mit einer Reihe von Demaskierungs- und Demontagemaßnahmen bezüglich der Vorstellungen über die Welt der Reichen und Schönen. Auch hinter den scheinbar heilen und gediegenen Fassaden der Düsseldorfer High Society, in der die Dame Zigaretten mittels Spitze raucht und zu jeder Tages- und Nachtzeit hochhackige Pumps trägt und der Hausherr mit Krawattenschleife gern einen gut gereiften Rotwein trinkt, tun sich Abgründe auf: Die Figuren sind gewissenlos, pervers, rassistisch, korrupt, untreu, sadistisch und vieles andere hässliche mehr. Doch im Unterschied zu den Ewings und Carringtons sind sie nicht sexy. Trotz ihres sichtbaren Reichtums ist nichts an ihrer Welt faszinierend oder erstrebenswert. Diese Welt ist einfach nur bieder, gezwungen förmlich, emotional kalt und verlogen.

»Also, was ist los in der Familie Joest?« (min. 01:14:40), fragt Kommissar Ballauf ungeduldig in der Folge »Unversöhnlich«, in welcher der Unternehmer Erwin Joest entführt und wieder frei gelassen wird – von seinem eigenen Sohn, wie sich später herausstellt. Dieser wurde von klein auf von seinem selbstgerechten, despotischen Vater gedemütigt und sogar im Erwachsenenalter noch gezwungen, dessen schwangere Geliebte zu heiraten und das Kind als sein eigenes auszugeben. Die mehrfach betrogene Ehefrau Dorothea Joest, genial gespielt von Hannelore Hoger, erträgt das alles mit Fassung, bis sie am Ende den Gatten erschießt, um den Sohn von der Tyrannei zu befreien. Wer ist Opfer, wer Täter?

Die Männer, grenzenlos »autoritäre Persönlichkeiten«, die als Väter ihre Söhne bis zur seelischen und körperlichen Zerstörung (der ungeliebte, wohlstandsverwahrloste Sohn in »Gefährliche Freundschaft« wird heroinabhängig) verachten und erniedrigen und als Ehemänner unverhohlen ihre Frauen betrügen, bekleiden im Düsseldorfer »Tatort« die laut »Allenbacher Berufsprestige-Skala« in Deutschland prestigehöchsten Berufe: Arzt, Professor, Direktor einer großen Firma, Unternehmer und Politiker. Medikamentenmissbrauch und Verstöße gegen die Normen der medizinischen Ethik, indem bspw. Patienten mit Psychopharmaka ruhiggestellt und unerlaubte Versuche mit nicht zugelassenen Medikamenten durchgeführt werden, sind im Weißkittelmilieu ebenso selbstverständlich wie Steuerhinterziehung, Geldwäsche und Korruption im »White-Collar«-Milieu. Oft sind die feinen Herren auch verschuldet und versuchen mit kriminellen Mitteln, den schönen Schein zu wahren. In »Der Spezialist«, der m. E. mit Abstand besten Düsseldorfer »Tatort«-Folge, ist es der Hauptkommissar für Wirtschaftskriminalität persönlich, der illegale Waffengeschäfte macht, um sich sein bevorstehendes Rentnerleben – in Florida – zu versüßen. Eine Männerdomäne im Kreis der oberen Zehntausend ist auch der Handel mit illegalen Militaria aus ehemaligen deutschen Kolonien in Afrika; in »Tod eines Auktionators« schaurig gut verkörpert durch die gerontokratischen Mitglieder der nationalistisch gesinnten »Gesellschaft für Deutsche Kolonisation«.

Die Frauen im Düsseldorfer »Tatort« sind nicht berufstätig, zumindest die, die nicht geschieden sind. Dass eine verheiratete Frau arbeitet, gilt als Stigma, auch in der sog. Mittelschicht. Eher legt man sich krumm und nimmt einen teuren Kredit auf. »Meine Frau brauchte nicht zu arbeiten« (min. 18:12), erwidert der Ehemann des Mordopfers sichtlich gekränkt auf die Frage von Kommissar Ballauf, wo diese gearbeitet habe, in der Folge »Flucht nach Miami«.

Menschen aus sozial schwachen Verhältnissen treten im Düsseldorfer »Tatort« selten als autonom handelnde Subjekte auf; sie sind die Opfer der Kredithaie, der Betrüger und Ausbeuter der korrupten Oberschicht oder sie bekleiden Nebenrollen als Kindermädchen, Sekretärin, Chauffeur u.ä. Auffällig ist, dass nur sie rheinische Mundart sprechen, was wie ein unzeitgemäßer Rückgriff auf das dramapoetische Prinzip der Ständeklausel aus dem 17./18. Jahrhundert anmutet. Ohnedies verkörpern sie vielmehr einen Typus (die ahnungslose Hausfrau, der betrogene Ossi, der kleine Mann, der eine schnelle Mark machen will und sich am Ende dafür schämt, die billig gekleidete Studentin usw.) als komplexe Charaktere. Selbst die größeren Rollen, etwa das – recht wohlhabende, aber eben zur Randgruppe gehörende – homosexuelle Paar in »Mord in der Akademie«, werden zum Teil arg klischeehaft gezeichnet. Entsprechend holzschnittartig gestaltet sich der diskursive Umgang mit den sensiblen Themen der Epoche, in diesem Fall mit AIDS bzw. Ansteckung durch AIDS, die hier zum Zwecke der Aktualität als Mordmotiv herhalten müssen. Sollte der Regisseur (Ulrich Stark), dessen vorangegangene Düsseldorfer »Tatort«-Folgen bereits recht konstruiert und wenig lebensnah wirkten, sich an dem US-amerikanischen Spielfilm »Philadelphia«, der ein Jahr zuvor in die deutschen Kinos kam und in dem es ebenfalls – zum ersten Mal in Hollywood – um AIDS geht, zum Vorbild genommen haben, so ist es ihm nicht geglückt, dessen Eindringlichkeit zu erreichen. Allerdings ist »Philadelphia« im Unterschied zum »Tatort« nicht gleichzeitig auch ein Krimi. Das Verarbeiten von gegenwartsnahen Themen, sozialen Stimmungen und gesellschaftlichen Fragilitäten gehört eigentlich zum Erfolgsgeheimnis des »Tatorts«, der dadurch tatsächlich so etwas wie ein »Fenster in die bundesrepublikanische Wirklichkeit« sein kann.[37] Doch wie in »Tod in der Akademie« verlieren sich auch in anderen Folgen zahlreiche der damals brisanten (geo)politischen, soziokulturellen und gesellschaftlich relevanten Themen, die in den Düsseldorfer »Tatort« hineingewoben werden, in der Textur ihrer geradezu allegorisch angelegten, plakativen Milieuschilderungen.

Die vorletzten beiden Folgen, das sei der Vollständigkeit halber erwähnt, weisen kaum einen Düsseldorf-Bezug auf. »Heilig Blut« spielt in der Parallelwelt des fiktiven gleichnamigen Frauenklosters, in dem eine schwangere Nonne tot aufgefunden wird. Die Handlung von »Das Mädchen mit der Puppe« führt den Zuschauer in die Abgründe des Menschenhandels und der Kinderpornographie. Beide Folgen wurden gedreht, als das Ende der Düsseldorfer »Tatort«-Ära beim WDR bereits beschlossene

37 Christian Buß: Brisanz gibt es nicht zum Nulltarif, in: du. Zeitschrift für Kultur 779, 2007, S. 30-31, hier: S. 30.

Sache war. In der letzten Folge, in der Martin Lüttge in einer Doppelrolle als Kommissar Bernd Flemming und als dessen Bruder, der Politiker Karl Flemming, zu sehen ist, wird diesem und Roswitha Schreiner ein würdiger Abschied bereitet. Kommissar Flemming schippert auf seinem Hausboot auf dem Rhein dem lange ersehnten Vorruhestand in Holland entgegen. Als er am Ufer die hochschwangere Miriam im Brautkleid erblickt. Freudig überrascht winkt er ihr zu und wünscht ihr viel Glück. Sie ruft zurück: »Ve-ne-dig!«, und dann sagen beide zu sich, aber den anderen bzw. die andere meinend: »Du schaffst das schon«. (min. 01.26:20 ff.). Das letzte Bild zeigt den Rhein aus der Vogelperspektive.

Dringender Verdacht auf Fluchtgefahr

Flankiert von dem Duisburger »Tatort« mit seinem kraftstrotzenden, ewig jungen Schimmi, der wenige Monate nach Flemmings letztem Fall zur Mordkommission des Kriminalkommissariats Duisburg zurückkehrt und 17 neue Fälle löst, und dem Kölner »Tatort« mit seinem ewigwährenden ehepaarähnlichen Ermittlerduo Schenk und Ballauf, gelingt es dem Düsseldorfer »Tatort« nicht, ein erkennbares Profil auszubilden, das Regionalität, Urbanität, soziale Milieus, ausgestattet mit kundigen und bekannten Führern durch diese Welt, in Szene setzt. Zudem setzen beim WDR das spleenige Duo aus Münster (seit Oktober 2002) und der soziopathisch zynische »Homo Faber« aus Dortmund (seit September 2012) ganz neue »Tatort«-Trends. In der retrospektiven Gesamtschau wirken die Düsseldorfer Folgen unspezifisch, ja marginal; und tatsächlich werden sie in zahlreichen populär- wie fachwissenschaftlichen, d.h. medien-, kultur- und sozialwissenschaftlichen »Tatort«-Studien nur am Rande oder auch gar nicht erwähnt. Das kann sich ändern, denn bekanntlich erfolgt die Bewertung durch den Zuschauer nach Kriterien, die von den zum Rezeptionszeitpunkt vorherrschenden ethisch-ästhetischen Moden beeinflusst sind. Wie formulierte der Modezar Karl Lagerfeld (1996) so treffend: »Wer heute als schön gilt, wird morgen kaum noch zum Putzen bestellt.« Klassiker bleiben davon ausgenommen, Kultfiguren nicht. »Seinerzeit als neueste Neuerung gepriesen«, schreibt Michael Rutschky in seinem Aufsatz »Schimmi und das Hysterische«, sei dieser inzwischen

»wie John Wayne auf dem Kehrichthaufen der Männerbilder gelandet«.[38] Der kolossale Horst Schimanski depotenziert?! Das gibt Anlass zur Hoffnung, dass der Düsseldorfer »Tatort« es irgendwann einmal schafft, aus dem Schatten der Vergangenheit zu treten. Ganz unberechtigt wäre es nicht, denn bei aller Kritik sind auch spannende und handwerklich solide Folgen, wie z. B. die bereits positiv hervorgehobene Folge »Der Spezialist«, dabei, die nicht zuletzt wegen ihres zeithistorischen Charakters wiedersehenswert sind.

Klar ist aber, dass die unterschwellig didaktische, schematische Machart des Düsseldorfer »Tatorts« generalüberholt werden müsste, und auch, dass das im Dauerklamaukmodus ermittelnde Team aus Münster – ein »sozial unterversorgter Prolet mit Wurzeln im Hamburger Stadtteil St. Pauli« (Hauptkommissar Thiel) und ein »weltgewandte[r] Bildungsbürger und Provinzsnob« (Prof. Börne) –[39] das Zeug dazu hatte, den in den 90er Jahren leicht angestaubten »Tatort« zu modernisieren. Ob es zur PR-Strategie gehört oder authentisch ist, weiß niemand; jedenfalls behaupten die Hauptdarsteller nach 18 Jahren noch, »große Lust auf den Münster-,Tatort'« zu haben.[40]

Martin Lüttge hingegen war stets zerrissen zwischen »Keine ,Tatorte' mehr« und »Weiter gute ,Tatorte'«[41] und überhaupt stärker dem Theater zugeneigt. In diesem Zusammenhang ist im Sinne des semiotischen Doppelspiels eine ironische Brechung auf der Figurenebene in der Folge »Flucht nach Miami« interessant. Darin wirkt Kommissar Flemming in einem englischsprachigen Laientheaterstück mit und stellt resigniert und leicht gereizt fest, dass er das nicht könne, er sei halt Polizist und kein

---

38 Michael Rutschky: Schimmi und das Hysterische, in: Eike Wenzel, Ermittlungen in Sachen Tatort. Recherchen und Verhöre, Protokolle und Beweisfotos, hg. v. dems., Berlin 200, S. 203-205, hier: S. 205.

39 Christian Buß: Tatort Münster. Undidaktisch und politisch unkorrekt. Sternstunden jenseits der Geschmacksgrenzen, in: du. Zeitschrift für Kultur 779, 2007, S. 34.

40 Haben Sie noch Lust auf den Münster-Tatort, Herr Prahl? 14.1.2020 (https://www.waz-online.de/Gifhorn/Gifhorn-Stadt/Haben-Sie-noch-Lust-auf-den-Muenster-Tatort-Herr-Prahl [19.2.2020]).

41 Zit. nach: TATORT: 300!, hg. v. der Pressestelle und der Abteilung Öffentlichkeitsarbeit des Westdeutschen Rundfunks, 1994, S. 32.

Schauspieler, woraufhin die Regisseurin die Lösung des Problems präsentiert: »Eben. Du spielst einen Inspektor. Du brauchst nur dich selber zu spielen.« (min. 29:28 ff.).

Ich habe Martin Lüttge kurz persönlich kennengelernt, als er im Rahmen seines Gastspiels in der Rolle des Jakob Grimm in Plovdiv (Bulgarien) weilte, wo ich zur selben Zeit als Lektorin des Deutschen Akademischen Austauschdienstes (DAAD) tätig war. Darauf angesprochen, dass er doch den Kommissar Flemming spiele und ich ein großer »Tatort«-Fan sei, reagierte er so mürrisch und grantig, dass er diesem wirklich zum Verwechseln ähnlich sah.

Martin Lüttge ist im Januar 2017 verstorben; eine eins-zu-eins-Neuauflage des Düsseldorfer »Tatorts« wäre also gar nicht möglich. Aber vielleicht eine mit einem neuen Team? Der »Tatort« ist zurzeit im Begriff, sich unter dem Titel »Scene of the Crime« zum Exportschlager zu mausern.[42] Dabei scheint sich die Verkaufsstrategie zu bewähren, nicht alle »Tatorte«, sondern je nach den regionalen Eigen- und Besonderheiten der Einsatzorte und Ermittler bzw. Ermittlerteams einzelne Episoden zielgruppenorientiert bei internationalen TV-Sendern zu platzieren und zu vermarkten. So werden die actionreichen Hamburger Folgen mit Til Schweiger als »Nick's Law« in den USA und Großbritannien gern geschaut, während der andere Hamburger, Hauptkommissar Thorsten Falke, sowie Charlotte Lindholm aus Hannover und Klaus Borowski aus Kiel in Osteuropa besonders gut ankommen.[43]

Wäre es nicht an der Zeit, ein neues Düsseldorfer Team ins Rennen zu schicken, das dann nicht nur von den Fans in den deutschsprachigen Ländern, sondern diesmal wirklich auch mit »den Augen der Welt« bei seiner Ermittlungsarbeit beobachtet würde – sozusagen als »Scene of the Crime on the Rhine«? Die »NRZ« hat schon Vorüberlegungen angestellt und wünscht sich Campino, den Frontmann der Düsseldorfer Rockband »Die

[42] Siehe Alexander Boos: Export-Schlager »Tatort«: Bald im russischen TV? – »Diese Länder schauen Kult-Krimi«, 18.5.2018 (https://de.sputniknews.com/kultur/20180513320677645-tatort-fernsehserie-export/ [19.2.2020]).

[43] Siehe ebenda.

Toten Hosen«, als Chef-Ermittler.[44] Allerdings scheint die Idee, den »Tatort« nach Düsseldorf zurückzuholen, bei den lokalen Entscheidungsträgern nicht gerade auf Begeisterung zu stoßen. Auf eine entsprechende Anfrage der »Westdeutschen Zeitung« soll Oberbürgermeister Thomas Geisel sich zurückhaltend geäußert haben. Er fände es schön, aber wenn es »nicht dazu kommt, lebt Düsseldorf auch weiter.«[45]

Das klingt nach Fluchtgefahr. Doch vielleicht setzt ja bald ein Armin-Laschet-Effekt ein. Der Ministerpräsident von Nordrhein-Westfalen hat in einem Gastauftritt im Neujahrs-»Tatort« 2020 sich selbst gespielt und für seine schauspielerische Leistung ein großes Lob vom Regisseur bekommen.[46]

---

44 Siehe Stephan Wappner: Tatort Kneipe, 16.11.2012 (https://www.nrz.de/staedte/duesseldorf/tatort-kneipe-id7299944.html [19.2.2020]).

45 Zit nach: Tatort NRW: Welche Stadt hätten Sie gern?, 1.3.2017 (https://www.wz.de/kultur/film/tatort-nrw-welche-stadt-haetten-sie-gern_aid-27136495 [19.2.2020]).

46 Siehe https://www.abendblatt.de/kultur-live/tv-und-medien/article227956991/Tatort-Regisseur-lobt-Ministerpraesident-Laschet.html [19.2.2020]).

Liste der Beweismittel

Genannte »Tatort«-Folgen (alle zu sehen auf Tatort.Tube)

Genannte Titel				
Düsseldorf als fiktionaler Ort?				
Taxi nach Leipzig	1	29.11.1970	Hamburg	NDR
Mordverdacht	12	7.11.1971	Wien (Gastauftritt Trimmel, Hamburg)	ORF
Howalds Fall	229	16.4.1990	Bern (einziger Fall von Howald)	SRF
Das semiotische Doppelspiel				
Zorn	1081	20.1.2019	Dortmund	WDR
Die Frau an der Straße	295	14.8.1994	Düsseldorf (letzter Fall mit Ballauf)	WDR
Gefährliche Freundschaft	227	11.7.1993	Düsseldorf	WDR
Duisburg – Ruhrpott	126	28. 6.1981	Duisburg (erster Fall für Schimanski und Thanner)	WDR
Düsseldorfer Schauplätze				
Der Mörder und der Prinz	258	17.5.1992	Düsseldorf (erster Fall für Flemming, Ballauf und Koch)	WDR
Tote Taube in der Beethovenstraße	25	7.1.1973	Köln	WDR
Unversöhnlich	263	4.10.1992	Düsseldorf	WDR
Schwarze Bilder	308	17.4.1995	Düsseldorf	WDR
Gefährliche Freundschaft	Siehe Abschnitt 3			
Die Frau an der Straße	Siehe Abschnitt 3			
Tod eines Wachmanns	265	25.10.1992	Düsseldorf	WDR
Herz As	316	30.7.1995	Düsseldorf	WDR
Tod eines Auktionators	313	25.6.1995	Düsseldorf	WDR
Brüder	354	23.3.1997	Düsseldorf (letzter Fall für Flemming und Koch)	WDR
Mord in der Akademie	290	24.4.1990	Düsseldorf	WDR
Düsseldorfer Milieus				
Unversöhnlich	Siehe Abschnitt 4.1			
Gefährliche Freundschaft	Siehe Abschnitt 3			
Der Spezialist	323	1.1.1996	Düsseldorf	WDR
Tod eines Auktionators	Siehe Abschnitt 4.1			
Flucht nach Miami	274	18.4.1993	Düsseldorf	WDR
Mord in der Akademie	Siehe Abschnitt 4.1			
Heilig Blut	324	14.1.1996	Düsseldorf	WDR
Das Mädchen mit der Puppe	330	8.4.1996	Düsseldorf	WDR
Brüder	Siehe Abschnitt 4.1			
Dringender Verdacht auf Fluchtgefahr				
Flucht nach Miami	Siehe Abschnitt 4.2			
Das Team	1115	1.1.2020	Dortmund (Gastauftritte anderer Ermittler und Armin Laschet)	WDR

Verwendete Literatur

Alexander Boos: Export-Schlager »Tatort«: Bald im russischen TV? – »Diese Länder schauen Kult-Krimi«, 18.5.2018 (https://de.sputniknews.com/kultur/20180513320677645-tatort-fernsehserie-export/ [19.2.2020]).

Christian Buß: Brisanz gibt es nicht zum Nulltarif, in: du. Zeitschrift für Kultur 779, 2007, S. 30-31.

Christian Buß: Tatort Münster. Undidaktisch und politisch unkorrekt. Sternstunden jenseits der Geschmacksgrenzen, in: du. Zeitschrift für Kultur 779, 2007, S. 34.

Philip Cassier: Warum niemand der Faszination »Tatort« entkommt, in »Die Welt«, 21.12.2014. (https://www.welt.de/icon/article135601977/Warum-niemand-der-Faszination-Tatort-entkommt.html [19.2.2020]).

Christoph Classen: »Ruhrpott-Rambo«. Die Schimanski-Tatorte und der Wandel von Gewalt in westdeutschen Fernsehkrimis, in: Zeithistorische Forschungen/Studies in Contemporary History, Online-Ausgabe, 15, 2018, 2 (https://zeithistorische-forschungen.de/2-2018/5603 [19.2.2020]).

Jurij M. Lotman: Die Innenwelt des Denkens, 1. Aufl., Berlin 2010.

Matthias Jung: Sprachgrenzen und die Umrisse einer xenologischen Linguistik, in: Jahrbuch Deutsch als Fremdsprache 1993, hg. v. Alois Wierlacher et al., München, S. 203-230.

Beatrix Novy: Zum Tod von Götz George. Der Anti-Typ, in Deutschlandfunk, 26.6.2016 (https://www.deutschlandfunk.de/zum-tod-von-goetz-george-der-anti-typ.691.de.html?dram:article_id=358479 [19.2.2019]).

Marc Reichwein: Was der »Tatort« über die Deutschen sagt, in »Die Welt«, 11.10.2011 (https://www.welt.de/print/die_welt/kultur/article13653384/Was-der-Tatort-ueber-die-Deutschen-sagt.html [19.2.2020]).

Michael Rutschky: Schimmi und das Hysterische, in: Eike Wenzel, Ermittlungen in Sachen Tatort. Recherchen und Verhöre, Protokolle und Beweisfotos, hg. v. dems., Berlin 2001, S. 203-205.

Mark Terkessides: Der Heimatflüsterer, in: du. Zeitschrift für Kultur 779, 2007, S. 26-27.

Stephan Wappner: Tatort Kneipe, 16.11.2012 (https://www.nrz.de/staedte/duesseldorf/tatort-kneipe-id7299944.html [19.2.2020]).

Eike Wenzel: Tatort – Deutschland. Eine Einleitung, in: Eike Wenzel, Ermittlungen in Sachen tatort. Recherchen und Verhöre, Protokolle und Beweisfotos, hg. v. dems., Berlin 2001, S. 7-18.

Friedhelm Werremeier: Methusalems Jugend. Gedanken zum 300. Geburtstag eines jungen, alten Freundes, in: TATORT: 300!, hg. v. der Pressestelle und der Abteilung Öffentlichkeitsarbeit des Westdeutschen Rundfunks, 1994, S. 38-45.

Gunter Witte: Populares Panorama. 300 Mal Tatort: Starke Vergangenheit, glänzende Zukunft, in: TATORT: 300!, hg. v. der Pressestelle und der Abteilung Öffentlichkeitsarbeit des Westdeutschen Rundfunks, 1994, S. 22-30.

Der Name macht's: Warum Düsseldorf international bekannt ist[1]

Matthias Jung
(Institut für Internationale Kommunikation)

Die Frage nach internationaler Bekanntheit und Ruf einer Stadt lässt sich auf unterschiedliche Art beantworten. Als erstes würde man vielleicht nach den Ergebnissen weltweiter Umfragen schauen. Wirklich sinnvoll wäre das aber nur, wenn man diese nicht nur nach Ländern, sondern auch nach Alter und sozialen Gruppen differenzieren würde. So dürfte der Bekanntheitsgrad bei den Ein- und Verkäufern bestimmter Branchen, für die in Düsseldorf wichtige Leitmessen stattfinden, in der ganzen Welt sehr hoch sein, während in einzelnen Länder, bei Touristen oder jungen Leuten sehr unterschiedliche Prominenz- und Beliebtheitsmuster zum Vorschein

---

1 Der Aufsatz geht auf eine Veranstaltung im Rahmen der IIK-Abendakademie-Reihe »Düsseldorf mit anderen Augen« zurück. Die hier aufgeführten Filmzitate und weitere Beispiele sind im Internet auf Youtube zu finden. Soweit hier entsprechende Links von Videos und Online-Artikeln aufgeführt werden, waren sie alle am 2.7.2020 noch aktiv und erreichbar. Für wichtige Hinweise danke ich Annegret Middeke.

kämen, die wesentlich von den individuellen Lebenszielen und Interessen bestimmt sind. Wenig überraschend scheint der Befund, dass die Bekanntheit Düsseldorfs mit der Entfernung wie in Abhängigkeit vom Grad der internationalen Bildung kontinuierlich abnimmt.

Was macht deutsche Städte bekannt?

Konzentrieren wir uns einmal auf junge Leute, wie sie jedes Jahr mehrere tausend die Kurse des Instituts für Internationale Kommunikation (IIK) in Düsseldorf besuchen, denn sie repräsentieren die Zukunft. Fragt man auf Hochschulmessen weltweit junge Akademiker, die sich für ein Studium in Deutschland interessieren, in welchen deutschen Städten sie gerne studieren oder arbeiten möchten, ja welche sie überhaupt kennen, fallen die Antworten auf den anderen Kontinenten meist ziemlich ähnlich und für Düsseldorf ernüchternd aus. Ausgenommen in Ländern wie der Türkei, Marokko oder Tunesien, die im Zuge der »Gastarbeiter«-Migration seit den 1960er Jahren entsprechende bikulturelle Communitys in deutschen Städten aufgebaut haben, lautet die Antwort fast unweigerlich: Berlin und München, evtl. kommt noch Hamburg dazu. Düsseldorf und viele andere Großstädte werden in Asien oder auf dem amerikanischen Kontinent nur dann gelegentlich als Studienwunschstadt genannt, wenn zufällige individuelle Faktoren ins Spiel kommen. So ein Sonderfall ist Düsseldorf etwa in Aserbaidschan, weil das Land beim European Song Contest in Düsseldorf 2011 den ersten Platz machte – ein nationales Großereignis, das in Aserbaidschan so schnell nicht vergessen wird, aber auch zeigt, dass solche Events für die internationale Bekanntheit einer Stadt wichtig sind. Der ESC hatte in diesem Fall ganz konkret einen deutlichen Anstieg der Buchungen studienvorbereitender Programme beim IIK aus Aserbeidschan zur Folge.

Dauerhafter und breiter punktet beim Bekanntheitsgrad außerhalb Europas in anderen Kontexten Frankfurt, und auch das nur bei denjenigen, die etwa aus Asien oder Amerika bereits einmal nach Deutschland geflogen sind, denn Frankfurt hat in Deutschland die meisten interkontinentalen Direktverbindungen. Das macht es aber noch nicht unbedingt zum »Sehnsuchtsort«, über den man etwas weiß, sondern verleiht der Stadt lediglich den Charme eines Verkehrsknotenpunkts, wie man etwa auch das Autobahnkreuz Breitscheid kennt. Wichtiger für die weltweite Bekanntheit einer Stadt und positive Assoziationen mit ihrem Namen kann der Sport sein, durch den auch Emotionen und Bilder transportiert werden. So kennen Tennisfans den Namen des Londoner Vororts Wimbledon, Motorsportliebhabern sagt der Name der französischen Stadt Le Mans etwas und Skisprungexperten kennen, auch wenn sie auf der anderen Seite des Globus wohnen, Oberstdorf und verbinden mit diesen Städten ein bestimmtes Flair. Die größte Bekanntheit erzielen Städte über den Sport, wenn ihre Vereine sich regelmäßig für den internationalen Fußball qualifizieren oder gar um den Sieg in der Champions League spielen. Zwar gab Düsseldorf in den 1970er Jahren ein kurzes Intermezzo im internationalen Fußball, doch war das zu kurz war und ist zu lange her, um heute noch wirkmächtig zu sein, und so erscheint für die Düsseldorfer Fahrstuhlmannschaft der internationale Fußball derzeit nicht in Reichweite. Von ihren Bundesligaklubs, die sich aktuell seit vielen Jahren erfolgreich mit anderen europäischen Spitzenmannschaften messen, profitieren dagegen vor allem Dortmund und natürlich München. Dass Dortmund bei unseren Befragungen trotzdem nicht als Studienzielort genannt wird, zeigt aber auch, dass die Fußballbekanntheit und das dadurch zu gewinnende positive Image alleine eine Stadt noch nicht als Studienort attraktiv machen; dazu muss sie konkrete Konturen aufweisen, so dass man sich zumindest irgendein klischeehaftes Bild von der Stadt machen kann. Skiorte wie St. Moritz sind »mondän«, eine Insel wie Mallorca (»Malle«) wird mit dem Ballermann-Tourismus gleichgesetzt usw.

Düsseldorf ein internationales Mauerblümchen?

Bei internationalen Sportereignissen kann Düsseldorf jedenfalls nur punktuell mithalten, etwa wenn 2017 der Startschuss der Tour de France vor der Messe im Nordpark fällt. Immerhin sind mit der Berichterstattung auch Reportagen über die jeweiligen Etappenorte verbunden, aber ohne eine gewisse Kontinuität verpufft der PR-Effekt solcher Events auch wieder. Neben Großveranstaltungen spielen natürlich viele individuelle Zufälligkeiten eine Rolle, warum man eine Stadt in der Ferne zumindest vom Namen her kennt: Städtepartnerschaften, Schüleraustausch, Verwandte, die in einer deutschen Stadt wohnen u.a.m.

Das Schicksal der relativen internationalen Unbekanntheit bzw. Indifferenz bei jungen Leuten, die von anderen Kontinenten kommend in Deutschland studieren oder arbeiten wollen, teilt Düsseldorf mit deutschen Großstädten wie Stuttgart und auch Köln, von dem viele aber immerhin schon mal gehört haben (»Kölner Dom«), wenn man nachfragt. Immerhin hat Köln (Cologne) wie auch München (Munich) in vielen Sprachen eine eigene Namensform, was zumindest die lange historische Tradition der Römerstadt widerspiegelt, zu der allerdings der heimelig deutsch als Dorf an der Düssel benannten Landeshauptstadt ein paar Jahrhunderte fehlen. Auch in Japan scheint Düsseldorf außerhalb der Business Community nicht besonders bekannt – obwohl die Stadt eine so große japanische Gemeinde aufweist.

Zumindest unter asiatischen Studenten und Touristen ist beispielsweise Heidelberg touristisch viel bekannter, was in Verbindung mit einer alten und hochangesehenen Universität ein attraktives Ziel bei der Study-Abroad-Mobilität ergibt. Touristische Bekanntheit kann nützlich sein, aber sie zählt für die Entscheidung, an einem Ort zu studieren oder dort eine Arbeit zu suchen, deutlich weniger als Netzwerke von Landsleuten, wirtschaftliche oder akademische Attraktivität. Der letzte Punkt ist etwa auffällig bei Aachen, das vor allem bei angehenden Ingenieuren wegen seiner weltweit renommierten Technischen Universität, der RWTH, eine Referenz ist. Oft ist es auch so, dass Deutschland an sich attraktiv für junge Leute ist, ohne dass sie eine konkrete Stadt im Auge haben.

Soweit erste impressionistische Beobachtungen aus der täglichen Praxis des IIK, warum Düsseldorf aus ausländischer Sicht junger Talente (nicht) bekannt oder auf den ersten Blick nur mäßig attraktiv ist und nicht das internationale Flair anderer Städte hat. Auf den Punkt bringt das Hape Kerkeling in einem Sketch zu Englischkursstudenten aus der ganzen Welt, die in der ersten Unterrichtsstunde sagen sollen, woher sie kommen.[2] Schon als der Sprachkurslehrer schnell über den Heimatort von Hans-Peter hinweggeht, ihn nicht einmal wiederholen will, mag ein Umstand eine Rolle spielen, der jenseits der realen Stadt und ihrer Besonderheiten liegt: der Name der Stadt selber, genauer gesagt seine phonetische und or-

---

2 https://www.youtube.com/watch?v=bRLNzVoz-Q8

thographische Gestalt mit dem »deutschen« Sonderzeichen ü, das einen Laut repräsentiert, den es in vielen Sprachen nicht gibt, gefolgt von Konsonanten und Vokalkombinationen, die es speziell aus Sicht von Sprechern mit Muttersprache Englisch fast zu einem Zungenbrecher machen: Düsseldorf.

Düsseldorf als unwirkliche Stadt

Und so reiht sich Düsseldorf ein in eine Reihe von Namen unwirklicher Städte, die wie etwa Buxtehude, Castrop-Rauxel, Wanne-Eickel, Hintertupfingen, Posemuckel oder Timbuktu vor allem wegen ihres exotischen oder irgendwie lautlich-orthographischen kuriosen Namens bekannt sind, bei denen es aber keine Rolle spielt, ob sie überhaupt existieren oder wie sie in Wirklichkeit sind. Ihre Verwendung hat eine sprachspielerische Qualität, wie sie z. B. auch zum Ausdruck kommt, wenn man Uppsala sagt, um von einem kleinen Fauxpas abzulenken, oder wegen der man die Pampa gerne aus Südamerika nach Deutschland verlegt, um eine Region abzuwerten oder jemanden sprichwörtlich dorthin zu schicken. Der Sprachspaß motiviert auch zu Kinderreimen und Abzählversen, die u. a. gerne mit Lautwörtern ohne Bedeutung operieren (»Ene, meine, mu und aus bist Du«) und mit denen die »menschlichen Anklangsnerven« (Rühmkorf) angesprochen werden.[3]

Kuriose Namen für topographische Gegebenheiten oder Toponyme faszinieren immer wieder, allerdings geht es dann meistens um sprechende Namen von kleinen Orten wie Elend oder Sorge. Das gilt zwar auch für das mit dem Städtenamen historisch korrekt beschriebene Dorf an der Düssel, aber das ist zu sachlich, um groß aufzufallen, und wird einem erst wieder als sprechender Name bewusst, wenn ein amerikanischer Deutschlehrer sich wundert, dass ein Dorf so groß ist. Eine Internetrecherche fördert schnell eine Reihe von Zusammenstellungen und alternative Landkarten mit verblüffenderen sprechenden Namen zutage, die insbesondere dann beliebt sind, wenn ihre Einträge anzüglich klingen. Für Lerner des Deutschen als Fremdsprache sind Namen im deutschsprachigen

3 Peter Rühmkorf, agar agar, zaurzaurim: Zur Naturgeschichte des Reims und der menschlichen Anklangsnerven. Reinbek 1981.

Raum zudem besonders dann amüsant, wenn sie an den Vulgärwortschatz ihrer Muttersprache oder zumindest des Englischen erinnern: So fehlt Fucking, ein Dorf in Österreich, in kaum einer dieser Zusammenstellungen, Namen größerer Städte (Ausnahme gelegentlich Essen, dann gerne in einer Reihe mit dem Dorf Hunger) und damit auch Düsseldorf fehlen dagegen.

Warum ist dann aber Düsseldorf ein beliebtes Zitat in Hollywoodfilmen, wenn etwas typisch deutsch klingen soll? Dieser Umstand ist in Düsseldorf schon verschiedentlich aufgefallen und von der Lokalpresse immer wieder gerne aufgegriffen worden. Die Sammlung der Erwähnungen in US-amerikanischen Filmen ist verblüffend lang und reicht von der Vorkriegszeit bis in die Gegenwart. Erstmals taucht der Name der Stadt nach dem derzeitigen Stand der Recherchen 1937 recht unmotiviert auf, nämlich im Film der Marx-Brothers »A day at the races«, wie Filmfans aufgefallen ist. Obwohl Düsseldorf nur am Rand erwähnt wird (»I had a case like that once in Düsseldorf many years ago«), ist doch mit den Absurditäten und Absonderlichkeiten des Humors der Marx-Brother-Filme der Rahmen schon abgesteckt, in dem Düsseldorf gerne von Hollywood erwähnt wird.

Cities of Crime

Der Ursprung der Entwicklung, dass der Name Düsseldorf Eingang in den Hollywoodfilm fand, liegt aber wohl außerhalb der Filmindustrie: Ab 1929 erregte ein offensichtlich psychisch gestörter Serienmörder weltweite Aufmerksamkeit mit seinen wahllosen Morden und brutalen Taten: Peter Kürten, der »Vampir von Düsseldorf«.

Ähnlich kennen wir auch heute Ortsnamen, an denen grausige Verbrechen begangen wurden, die umso mehr mit dem Verbrechen identifiziert werden können, je kleiner und unbekannter die Orte bzw. je markanter ihre Namen sind. Am stärksten und dauerhaft ins kollektive Gedächtnis eingebrannt haben sich vermutlich die Konzentrations- und Vernichtungslager der Nationalsozialisten: Auschwitz, Bergen-Belsen, Dachau u.v.a.m., daneben gibt es aber auch viele Ortsnamen, die durch die dort begangenen Verbrechen bekannt geworden sind, etwa das »Horrorhaus«

von Höxter. Auch die chinesische Stadt Wuhan hat eine internationale Bekanntheit erlangt, auf die sie vermutlich gerne verzichtet hätte.

Fest etablierte Namen weltweit bekannter Metropolen transportieren dagegen keine einseitigen Bilder, egal wie schockierend die Katastrophe oder grausig die Verbrechen sind, die dort begangen wurden: Jack the Ripper ist zwar legendär, aber die Stadt London steht nicht für die sadistischen Gewalttaten dieses berühmtesten aller Serienmörder, so wie dies etwa Amstetten für Josef Fritzls Verbrechen noch heute tut, auch wenn diese Verbindung allmählich verblassen dürfte. Die kollektiv verankerten Bilder von London sind zu fest etabliert, wirkmächtig und vielfältig, als dass Jack the Ripper mehr als eine mögliche Assoziation unter vielen sein kann. Soweit war und ist Düsseldorf (noch) nicht und deshalb trat die Stadt, genauer gesagt nur ihr Name, vor knapp hundert Jahren durch eine spektakuläre Serie von Verbrechen ins internationale Bewusstsein.

Eine brutale und wahllose Mordserie in Düsseldorf erregte 1929/1930 weltweit so viel Aufsehen, dass sogar der bekannte britische Krimi-Autor Edgar Wallace anbot, bei der Suche nach dem Mörder zu helfen.[4] Gefasst wurde der »Vampir von Düsseldorf, Peter Kürten, schließlich 1930, der aufsehenerregende Prozess und die Hinrichtung folgten 1931, und noch im selben Jahr wurde der Fall cineastisch verarbeitet: Obwohl der berühmte Film von Fritz Lang »M – eine Stadt sucht ihren Mörder« weder in Düsseldorf gedreht wurde noch der Name der Stadt im Film erwähnt wird, war die Verbindung zur Düsseldorfer Mordserie für Kinozuschauer damals vor allem im Ausland naheliegend. Das galt erst recht, wenn sie dort einen deutschen Film über einen Kindermörder sahen (Peter Kürten hatte u.a. einige Kinder umgebracht). Diese Assoziation wurde auch bei der internationalen Vermarktung des Films im Ausland kommerziell genutzt, so dass der Film z. B. in Italien unter dem Titel »Das Monster von Düsseldorf« lief (WZ 26.02.2013). Lang selber hat in einem Interview von 1963 zwar bestritten, dass er sich speziell auf Peter Kürten und Düsseldorf bezogen habe, dieser sei nur einer von mehreren Serienmördern seiner Zeit gewesen. Am bekanntesten von ihnen war der »Totmacher« Fritz Haamann in Hannover, dessen Lebensgeschichte aber erst 1993 mit Götz

---

4 https://de.wikipedia.org/wiki/Peter_K%C3%BCrten

George so eindrucksvoll verfilmt wurde. Diese Serienmörder scheinen aber nicht die internationale Bekanntheit des »Vampirs von Düsseldorf« erreicht zu haben, über dessen Erwähnung der Verfasser des vorliegenden Artikels noch Ende der 1980er Jahre bei der Analyse von gängigen Deutschlehrwerken für den Fremdsprachenunterricht in Frankreich stolperte und sich verwundert fragte, warum er noch nie von diesem Monster gehört hatte, obwohl er im Umland der »Vampirstadt« aufgewachsen war.

Authentisch deutsch?

Nachdem der Beginn der internationalen Karriere des Städtenamens geklärt ist, lassen sich zwei Verwendungstraditionen in US-amerikanischen Filmen nachzeichnen: In der einen ist Düsseldorf einfach ein Name einer Stadt, der zwar irgendwie bekannt ist, aber auch nicht so sehr wie Berlin, München oder Hamburg. Dass ein internationales Filmpublikum mit Düsseldorf keine konkreten Ereignisse mehr verbindet, ist ein weiterer Vorteil. Es geht nur darum, dass er deutsch klingt und so der Erzeugung von Authentizität dient. Düsseldorf ist dann einfach ein fremdländischer Name, ein »Xenonym«[5], das durch seine Lautgestalt, sein Schriftbild mit ü und durch seine Kommunikationstradition seit den 1920er Jahren auf Deutschland verweist, so wie wir wissen oder zu wissen glauben, dass Fatima ein typisch arabischer Name ist, und den Witz, dass ein Verkehrsminister namens Um-Lei-Tung aus China kommen muss, »verstehen«.

Dass diese eher sachlichen Düsseldorf-Zitate vor allem in Filmen aus der unmittelbaren Nachkriegszeit bzw. im Krieg spielenden Filmen auftauchen, mag auch daran liegen, dass natürlich durch die Kriegs- und Besatzungszeit viele tausend amerikanische und britische Soldaten über mehrere Jahre tagtäglich mit deutschen Ortsnamen konfrontiert waren. Auch davon scheint die Erinnerung an Düsseldorf als typisch deutscher Städtename zu profitieren. So sprachen die Hauptdarsteller des 1949 in die Kinos gekommenen Films »Ich war eine männliche Kriegsbraut«, Cary Grant und Ann Sheridan, über ihre Erinnerungen an Düsseldorf,

[5] Vgl. Matthias Jung: Von Luigi bis Mehmet. Personennamen im Migrationsdiskurs als Indikatoren sprachlich-gesellschaftlichen Wandels. In: Germanistische Linguistik 169-170. Hildesheim 2003, S. 288-300.

als sie dort stationiert waren. Und im Kriegsfilm von 1968, »Agenten sterben einsam«, stammt ein SS-Mann aus Düsseldorf, worüber er sich mit einer amerikanischen Agentin unterhält, die auch behauptet, von dort zu kommen. In Steven Spielbergs Kriegsfilm »Der Soldat James Ryan« (1998) amüsiert sich eine amerikanische Einheit über einen Nazi-Offizier, der sie mit deutscher Propaganda beschallt (»Amerika kaputt«), indem sie ihm den Spitznamen »Dagwood Düsseldorf« verpassen. (Dagwood Bumstead ist eine Hauptfigur aus einem amerikanischen Comic der 1930er und 40er Jahre. Was er mit Düsseldorf zu tun hat, bleibt offen, gekämpft wird den ganzen Film über nicht in Deutschland, sondern in Nordfrankreich).

Jenseits der Thematik des Zweiten Weltkriegs wird Düsseldorf z. B. im Film »Illuminati« mit Tom Hanks (2009) als Herkunftsort eines Ermordeten, angeblich ein »Tourist« aus der Rheinmetropole, erwähnt. Und in »X-Men – Erste Entscheidung« stammten die im KZ ermordeten Eltern des Protagonisten Magneto aus Düsseldorf. Das sind eher düstere Assoziationen, bei denen die Erinnerung an den »Vampir aus Düsseldorf« der späten 1920er Jahre mitschwingen mag. Und schließlich darf Düsseldorf beim Meister der Filmzitatmontage, Quentin Tarantino, nicht fehlen. Auch das eine blutige Angelegenheit, wenn der in seinem Film »Django Unchained« (2012) eine seiner Hauptfiguren, ein Zahnarzt namens Dr. King Schultz, der sich aber als Kopfgeldjäger verdingt, aus Düsseldorf kommen lässt. Die Liste weiterer vergleichbarer Erwähnungen in US-amerikanischen Firmen und Fernsehserien von Personen oder Gegenständen wie Klavieren, die aus Düsseldorf stammen, ist lang (NRZ 12.01.2019); allein über Düsseldorf als Stadt erfährt man nichts. Es ist symptomatisch, wie die längste Szene endet, in der Düsseldorf eine Rolle spielt: »Da rede ich über so etwas Unwichtiges wie Düsseldorf« (»Agenten sterben nicht« 1968).

Düsseldorf kurios

Neben diesen Düsseldorf-Erwähnungen, die der Authentifizierung der Charaktere und des Drehbuchs dienen, aber nicht besonders aufregend sind, ist die zweite Tradition unterhaltsamer und funktional das genaue Gegenteil: Hier ist Düsseldorf ein skurriler Ort in einem skurrilen Land mit einem skurrilen Namen und hat offensichtlich gerade nicht den Anspruch, ein realer Ort zu sein. Während schon die früheste Erwähnung Düsseldorfs im Film 1937 im Kontext des Slapstick-Humors der Marx-Brothers stand, aber doch eher unauffällig blieb, scheint Mel Brooks Film »The Producers« (1967) die Tradition von Düsseldorf als unwirklichem Ort zu begründen. Als im Film das groteske Musical »Springtime for Hitler« aufgeführt wird, singt das Nazi-Ballett »I was born in Düsseldorf and this is why they call me Rolf«.[6] Von 1965 bis 1970 lief auch die amerikanische Klamaukserie »Hogan's Heroes« über ein deutsches Lager für alliierte Kriegsgefangene, die ab 1992 synchronisiert im deutschen Fernsehen als »Ein Käfig voller Helden« ausgestrahlt wurde. Das Lager liegt in der Serie unmittelbar vor den Toren der Stadt Hammelburg (einen solchen Ort gibt es in Franken), mal 9 km, mal 97 km von der Nordseeküste entfernt. Bis zur nächstgrößeren Stadt Düsseldorf sind es 25 km. Das deutsche Aufsichtspersonal besteht aus tumben Soldaten und lächerlichen Nazis, die von den Kriegsgefangenen an der Nase herumgeführt werden und so ziemlich jedes Deutschlandklischee übersteigern, das man kennt.[7]

Die Macher der Comic-Serie »Die Simpsons« knüpfen hier nahtlos an, wenn der leicht senile und definitiv durchgeknallte Großvater in einer Folge aus dem Jahr 1993 erzählt, er sei im Krieg bei einem Fallschirmabsprung über Düsseldorf von der Truppe getrennt worden. Und der deutsche Austauschschüler, Üter Zörker – man achte auf die »typisch deutschen« Umlaute, die Autoren hatten wohl »Günther« im Ohr –, der ab 1993 in einigen Folgen auftritt, kommt aus Düsseldorf, wo seine Eltern eine Kaugummifabrik betreiben. (In der deutschen Synchronfassung mutiert er übrigens zu einem Schweizer aus Basel). Natürlich fehlen auch hier neben einem typisch deutschen Akzent im Englischen und eingestreuten deutschen Wörtern wie »gut« nicht weitere visuelle Attribute wie Lederhose, Übergewicht und ein Tirolerhut, die ihn als amerikanische Karikatur eines Bayern erscheinen lassen. Der Charakter ist seinerseits inspiriert von Augustus Gloop aus Roald Dahls Kinderbuch »Charlie und die Schokoladenfabrik«, der laut der Filmversion von 1971 aus Dussel-

[6] Das absurd komische Nazi-Musical unbedingt anschauen, ab Minute 1:20 kommt dann Rolf aus Düsseldorf: https://bit.ly/38hP4qa

[7] https://en.wikipedia.org/wiki/Hogan%27s_Heroes

heim und in der Neuverfilmung von 2005 aus Düsseldorf kommt. Im Film von 1971 wird auch kurz seine Heimatstadt gezeigt: ein verschneites Alpendorf.[8] 2007 macht T-Online in den USA in einem Clip Werbung, in der sich eine (damals?) bekannte kanadische Band mit ihrem Tourmanager bespricht. Das 30-Sekunden-Video endet mit dem Schlussgag, dass sie als nächstes in Düsseldorf auftreten werden, was die Bandmitglieder und viele Kommentatoren brüllend komisch finden.[9]

Oder wie ein Blogger, der tatsächlich nach Düsseldorf gefahren ist, 2010 schreibt: »Driving to Düsseldorf, Germany for the first time this weekend, I already had in my mind a slight smile every time I said the name «Düsseldorf« or saw it on the map ... you have to admit it IS a funny name«[10].

Fazit

Beide Traditionen der internationalen Düsseldorf-Erwähnung in Film und Medien, die authentifizierende wie die kurios-amüsierte, machen die Landeshauptstadt nicht zu einer weltweit bekannten Metropole, sondern lediglich zu einem Insidergag für Filmschaffende. Und auch wenn der Name dem ein oder anderen dadurch vielleicht schon mal in den Medien begegnet ist und wenigstens ein bisschen vertraut klingen mag, wird dadurch noch kein bestimmtes Bild transportiert. Die eventuelle Vertrautheit bleibt auf die materielle Hülle der Laute und Buchstaben des Städtenamens beschränkt. Die Erinnerung an die Ereignisse, als der »Vampir von Düsseldorf« Düsseldorf weltweit auf die mentale Landkarte katapultierte, ist glücklicherweise schon lange verblasst. Inzwischen hat eher ein gewisses Amüsement den ursprünglichen Grusel ersetzt. Dabei ist der NRW-Landeshauptstadt aufgrund ihrer für ausländische Ohren und Augen besonders markanten Laut- bzw. Buchstabengestalt ein gewisser Aufmerksamkeitswert sicher, zumal der Name für eine Weltstadt ein wenig zu lang und die Aussprache unsicher ist. Wie leicht sagt sich dagegen Rio!

---

8 Die entsprechenden Filmausschnitte findet man alle auf Youtube

9 https://www.youtube.com/watch?v=iEsog-acVlA

10 https://davidbrazzeal.com/2010/11/01/dusseldorf-and-other-city-names/

Es liegt an der Stadt, den Menschen die hier leben, und den Institutionen, die hier zuhause sind, aber auch am Stadtmarketing, mehr daraus zu machen, für positive Schlagzeilen zu sorgen, um diese international gesehen semantische Leerstelle mit positiven Assoziationen und Eindrücken allmählich so zu füllen, dass Düsseldorf ein attraktiver Ort wird, den man besuchen möchte, an dem man gerne arbeitet und lebt. Das scheint nach unserem Eindruck bei den vielen jungen Menschen, die nach Düsseldorf kommen, um sich beim IIK auf ein Studium oder einen qualifizierten Job in Deutschland sprachlich wie kulturell vorzubereiten recht gut zu gelingen, sind sie erst einmal hier. Die meisten reisen ohne eine konkrete Vorstellung von der Stadt an, werden u.a. von ihrer Internationalität und Lebensqualität positiv überrascht und bleiben anschließend gerne hier.

DIE AUTORINNEN UND AUTOREN

Helmut Brall-Tuchel

Prof. Dr. Helmut Brall-Tuchel, Jahrgang 1951, Promotion zum Dr. phil. 1979, DRUPA-Preis 1981, Habilitation 1994. Wiss. Mitarbeiter am Lehrstuhl für Ältere Germanistik, Lehrstuhlvertretung an der Universität Bayreuth, Privatdozent in Düsseldorf, Ernennung zum apl. Professor (2000). Kurator verschiedener Ausstellungen. Akademische Lehre an der Universität GH Kassel WS 2000/2001, Gastprofessur an der Universitas Indonesia, Jakarta (2008), der staatlichen Ivane Javakhishvili Universität Tiflis in Georgien (2009 und öfter). Seit 2013 Vizepräsident, seit 2019 Präsident des Instituts für Internationale Kommunikation e.V. (IIK). Von 2015 bis 2018 Studiendekan der Philosophischen Fakultät, Verfasser zahlreicher Bücher und Aufsätze zur deutschen Literaturgeschichte.

Werner Matthias Dornscheidt

Werner Matthias Dornscheidt, 1954 geboren in Düsseldorf. Hotelkaufmann, Diplom-Betriebswirt. 1979 bis 1981 Referent im Zentralbereich Auslandsmessen der Düsseldorfer Messegesellschaft mbH – NOWEA. Anschließend bis 1984 zuständig für Consultingaufgaben und Marketingaufträge für Messebeteiligungen International bei Internationale Messe Marketing GmbH. Ab 1984 bei der NOWEA International GmbH. Zunächst zuständig für neue Projekte in Drittländern (bis 1986), dann Abteilungsleiter im Bereich Messen und Verkaufsförderungsveranstaltungen im Auftrag der Centralen Marketing-Gesellschaft der deutschen Agrarwirtschaft (CMA, bis 1990). Ab 1990 Stellvertreter des Geschäftsführers der Messe Düsseldorf International GmbH (bis 1999) und zuständig für alle Auslandsaktivitäten im Eigen- und Durchführungsgeschäft. Zusätzlich temporär Geschäftsführer der Messe Düsseldorf North America (1996/1997) und Mitglied des Vorstandes der Messe BVV AG, Brünn, Tschechien (1998/1999). 1999 bis 2003 Vorsitzender der Geschäftsführung der Leipziger Messe GmbH. Von 2004 bis Ende Juni 2020 Vorsitzender der Geschäftsführung der Messe Düsseldorf GmbH.

Yelena Etaryan

Assoz. Prof. Dr. Yelena Etaryan (Jerewan, Armenien), Jahrgang 1973, Promotion zum Dr. phil. 2007. Dozentin des Lehrstuhls für Deutsch an der Staatlichen Brusov-Universität für Sprachen und Sozialwissenschaften Jerewan. Forschungsschwerpunkt ist die Neuere deutsche Literatur. Forschungsaufenthalte über den DAAD und KAAD an den Universitäten Jena, Mainz und Düsseldorf; Georg-Forster-Stipendiatin der Alexander-von-Humboldt-Stiftung. Mitglied der IVG. Verfasserin einer Monographie und zahlreicher Aufsätze zur neueren deutschen Literatur und Literaturtheorie, die in Armenien, Georgien, Russland, Osterreich, Rumänien, Deutschland veröffentlicht wurden.

Simone Fischer

M.A., studierte Germanistik und Geschichte an der Heinrich Heine-Universität Düsseldorf. Sie ist Pressesprecherin und Dezernentin 'Kommunikation und Marketing' an der Hochschule Düsseldorf. Darüber hinaus ist sie Journalistin und Autorin zahlreicher einschlägiger Publikationen und verfügt über langjährige Lehrerfahrung in den Bereichen Journalismus, Kommunikation, Marketing und PR.

Robert Fleck

Geb. 1957 in Wien, Studium der Geschichte, Philosophie und Kunstgeschichte in Wien, Innsbruck und Paris, u.a. bei Gilles Deleuze und Michel Foucault. Doktorarbeit zur Geschichte der Revolution von 1848 in Paris, der Rolle der Künstler und der Erfindung des Sozialstaats. 1978–1982 Assistent in den österreichischen Avantgardegalerien. Lebt seit 1981 in Paris. 1991–1993 erster österreichischer Bundeskunstkurator. 1998 Kurator von Manifesta II und der 100 Jahres-Ausstellung der Wiener Secession. 1998–1999 Leiter des Internationalen Post-Graduate Programms der Kunsthochschule in Nantes. 2000-2003 Direktor der Kunsthochschule in Nantes. 2002–2003 Beauftragter für Kunst im öffentlichen Raum der Stadt Paris. 2004–2008 Direktor der Deichtorhallen Hamburg, Haus der Photographie und Aktuelle Kunst. 2009–2012 Intendant der Bundeskunsthalle in Bonn. Seit 2012 Professor für Kunst und Öffentlichkeit und seit 2014 Prorektor an der Kunstakademie Düsseldorf. Letzte Veröffentlichungen: »Pierre Soulages« (mit Hans Ulrich Obrist), éd. Manuella, Paris,

2017; »Yves Klein – l'aventure allemande«, éd. Manuella, Paris, 2018; »Heinz Mack. Ein Künstler des 21. Jahrhunderts«, mit Antonia Lehmann-Tolkmitt, Hirmer/Chicago U. P. Okt. 2019.

Anne Gellert

Dr. Anne Gellert, Studium der Fächer Deutsch als Fremdsprache, Geschichte, Sinologie sowie Chinesische Kunst und Archäologie an der Universität Tübingen und der LMU München. 1984/85 Chinesischkurse am Beijing Yuyan Xueyuan, Beijing. 1992 Promotion im Fach Deutsch als Fremdsprache im Bereich Europäische Sprachenpolitik an der LMU München. 1990–1995 Lehrtätigkeit und Lehrerfortbildung im Bereich Deutsch als Fremdsprache in München. 1995–2004 Lektorin für deutsche Sprache an der Germanistischen Abteilung der Universität Kumamoto, Japan. 2004–2009 stellvertretende Leiterin der DAAD-Außenstelle Tokyo. 1996–2009 Redakteurin des »Lektorenrundbrief« in Japan. Seit 2010 Leiterin des International Office der Heinrich-Heine-Universität Düsseldorf.

F. Walter Gesell

F. Walter Gesell, Jahrgang 1944. Diplom Kaufmann. Studium an der Hochschule für Welthandel/Wirtschaftsuniversität Wien. Geschäftsführender Gesellschafter der Gesell & Co. GmbH Messemarketing International. Vertretung der Messe Düsseldorf Gruppe in Österreich.

Johannes Grünhage

Johannes Grünhage, geboren 1984, Studium der Ostasienwissenschaften 2004–2010 an der Universität Duisburg- Essen mit den Fächern Politikwissenschaften, Chinesisch, Wirtschaftswissenschaften und Geographie, dabei zwei Auslandsemester an der Hunan- University in Changsha / VR China. Von 2011 bis 2013 Tätigkeit als Projektleiter beim German Centre Shanghai. 2013 bis 2016 als Projektleiter tätig für das Chinesische Zentrum Hannover. Seit 2016 Leitung des Expat Service Desk (getragen von der Landeshauptstadt Düsseldorf, dem Kreis Mettmann und der IHK Düsseldorf).

Peter Henkel

Dr. Peter Henkel, geb. 1975 in Düsseldorf, studierte Geschichte und Politikwissenschaften in Düsseldorf. Von 2012 bis 2018 wissenschaftlicher Mitarbeiter der Mahn- und Gedenkstätte, zahlreiche Veröffentlichungen zu Stadt-, Landes- und Industriegeschichte. Ist seit 2020 Mitarbeiter der Stiftung Haus der Geschichte Nordrhein-Westfalen.

Ernst Ralf Hintz

Prof. Dr. Ernst Ralf Hintz, Jahrgang 1948, Staatsexamen, Magister an der Ruprecht-Karl Universität Heidelberg, Promotion zum Dr. phil. 1986 an der University of Wisconsin-Madison, akademische Lehre am Chatham College, Pittsburgh (1986–1987), Gastprofessor an der University of Otago, New Zealand (1988), Macquarie University, Sydney in Australien (1989–1991), Lecturer an der University of South Australia, Adelaide 1991–1994, Lecturer an der Pennsylvania State University 1994–1996. Von 1997–2004 akademische Lehre an der Fort Hays State University in Hays, Kansas, Ernennung zum Professor (2001), Studiendekan der Phil. Fak. (2002–2004). Seit 1998 Präsident der Society for Medieval Germanic Studies. Seit 2004 Professor an der Truman State University, Kirksville, Missouri. Verfasser von Monografien und Aufsätzen zur deutschen Literatur des Mittelalters.

Matthias Jung

Dr. Matthias Jung, Jahrgang 1959, Studium in Düsseldorf, Glasgow, Aix-en-Provence und Bordeaux, DAAD-Lektor an der Université de Bordeaux (1987–1992); Promotion zum Dr. phil. in Düsseldorf in der germanistischen Linguistik 1992, Wissenschaftspreis der Stadt Düsseldorf 1994, Wiss. Mitarbeiter bei diversen DFG-Projekten bzw. in der Abteilung für Didaktik der deutschen Sprache und Literatur der Universität Düsseldorf (1994–2002), seit 1994 Geschäftsführer des Instituts für Internationale Kommunikation e.V. (IIK) in Düsseldorf und Berlin; Vorstandsmitglied des Fachverbands Deutsch als Fremd- und Zweitsprache e.V. (FaDaF) seit 2001, Vorsitzender seit 2009; Mitglied mehrerer Kommissionen und Vorstände; zahlreiche Publikationen im Bereich Diskurslinguistik, Sprachkontakt, Didaktik des Deutschen als Fremd- und Zweitsprache sowie Sprachpolitik.

Volker Kalisch

1957 in Tübingen geboren, Studium der Musikwissenschaft, Philosophie und Soziologie an den Universitäten Tübingen, Zürich und Freiburg i. Br., das er 1986 mit der Promotion in Musikwissenschaft (Uni Freiburg i. Br.) und 1990 in Soziologie (Uni Tübingen) abschließt. Lehrte Musikwissenschaft an den Universitäten Tübingen, Mainz, Frankfurt a.M., Humboldt-Universität zu Berlin sowie an den Universitäten Adelaide (Süd-Australien) und Bern. Seit 1994 ist er Professor für Musikwissenschaft an der Robert-Schumann-Hochschule Düsseldorf, war 1995–1998 auch der Geschäftsführende Direktor des dortigen Musikwissenschaftlichen Instituts. 1996 Wahl zum Senat, 1998 Ernennung zum Prorektor für Studium, Lehre und Forschung; Amtsbestätigung und Wiederwahl 2002. Bedingt durch die Erkrankung des Rektors im Jahr 2004 amtierender Rektor der RSH, danach Bologna-Beauftragter, 2005–2008 erneut Geschäftsführender Direktor des Musikwissenschaftlichen Instituts der RSH. Seit April 2009 wieder Prorektor für Studium, Lehre und Forschung. Veröffentlichungen zu musikhistorischen Einzelfragen, aber auch zur Musiksoziologie, Musikästhetik sowie zu Methodenfragen und zur Fachgeschichte; gibt u.a. die Schriftenreihe Musik-Kultur heraus. Ist verheiratet und hat drei Kinder.

Michiko Mae

Prof. Dr. Dr. h.c. Michiko Mae ist Kultur- und Literaturwissenschaftlerin. Promotion zum Dr. phil. 1985, Dr. Eduard-Martin-Preis. 1984–1993 Lektorin und wissenschaftliche Mitarbeiterin am Japan-Zentrum der Universität Marburg. 1993–2016 Professorin am Institut für Modernes Japan der Universität Düsseldorf. 1995–2001 Prorektorin der Universität Düsseldorf. Research Fellow / Gastprofessorin an der Universität Tokyo, der Keio-Universität Tokyo, der Dôshisha-Universität Kyoto, der Cornell University, NY u.a. Publikationen zur Transkulturalität und Genderforschung, zur modernen japanischen Literatur, Gegenwartsliteratur und Populärkultur. Mitherausgeberin der Reihe »Geschlecht und Gesellschaft« (Springer VS), Stiftungsratsmitglied des Japanisch-Deutschen Zentrums Berlin.

Annegret Middeke

Dr. Annegret Middeke ist nach ihrem Studium der Slavischen, Deutschen und Romanischen Philologien und einigen Jahren, in denen sie an verschiedenen Universitäten in Osteuropa forschte und lehrte, zurzeit wissenschaftliche Angestellte an der Abteilung Interkulturelle Germanistik der Georg-August-Universität Göttingen und Geschäftsführerin des Fachverbandes Deutsch als Fremd- und Zweitsprache e.V. (FaDaF). Ihre Forschungsschwerpunkte liegen im Bereich der interkulturellen Literatur- und Fremdsprachendidaktik.

Ryuta Mizuuchi

Ryuta Mizuuchi, Jahrgang 1959, Abschluss des Jurastudiums an der Universität Kyoto und Eintritt in das Außenministerium 1983, seit 1999 Leitender Koordinator der Referate Management und Koordination sowie Wissenschaft und Kernenergie, Politische Abteilung. Seit 2000 Leiter verschiedener Referate des Außenministeriums. Seit 2004 Botschaftsrat in Israel, seit 2007 Botschaftsrat in Österreich, seit 2008 Gesandter, seit 2009 Gesandter der Botschaft von Japan in Deutschland und seit 2012 Stellvertretender Direktor und Leiter der Abteilung Analyse, Cabinet Satellite Intelligence Center, Sekretariat des Kabinetts. Seit 2015 Generalkonsul von Japan in Düsseldorf, seit 2018 Exekutivdirektor Japan Science and Technology Agency (JST), seit 2019 außerordentlicher und bevollmächtigter Botschafter Japans in Sambia und Special Representative bei COMESA.

Balázs Szabolcs Szegner

Balázs Szabolcs Szegner, Jahrgang 1974, Abschluss in BWL im Jahr 1995 und 2001, Studium in Diplomatie – Budapest Institute for Graduate International and Diplomatic Studies – Abschluss im Jahr 2004 Universität Corvinus, Budapest. Ab 1995 zwanzig Jahre lang tätig im Finanzsektor mit Schwerpunkt Kapitalmärkte, Investment Banking. Zahlreiche Publikationen und Beiträge im Bereich Kapitalmärkte und Analyse. Mentoriert Startups, ab 2013 Mitglied der Jury zur Vergabe des Preises für erfolgreiche Unternehmen in Ungarn. Im Jahr 2015 zum Generalkonsul von Ungarn ernannt mit dem Ziel der Eröffnung einer konsularischen Vertretung Ungarns in Düsseldorf mit Konsularbezirk NRW und Hessen. Er übte das Amt mit den Schwerpunkten außenpolitische, außenwirtschaftliche, kulturelle Beziehungen und konsularische Dienstleistungen bis 2019 aus.

Susan Tuchel

Dr. Susan Tuchel M.A., Jahrgang 1966, studierte Germanistik, Geschichte und Erziehungswissenschaften an den Universitäten Trier und Düsseldorf. Nach ihrer Promotion (»Kastration im Mittelalter«) 1998 arbeitete sie als Redakteurin und Journalistin in Essen und Düsseldorf und nimmt Lehrveranstaltungen im In- und Ausland im Bereich Journalismus und Medien wahr. Seit 2014 ist sie Inhaberin der Agentur Textpublik für Presse- und Öffentlichkeitsarbeit sowie Unternehmenskommunikation. Sie ist Publizistin und Verfasserin wissenschaftlicher Artikel und zahlreicher Fachbeiträge.

Till Weber

Till Weber, geboren in Berlin 1965. Studium der Geschichte, Kunstgeschichte und Anglistik an der FU Berlin und der University of York. 1. Staatsexamen 1993, 1993/94 als Deutschlehrer in Tokyo. Referendariat und 2. Staatsexamen 1997 in Berlin. Seit 1998 an der Ryukyu-Universität in Okinawa, Japan, beschäftigt als Ausländischer Lehrbeauftragter, Assistenzprof., Associate Prof., und seit 2013 als Prof. für deutsche Sprache und Kultur. Stellvertretender Vorsitzender der Okinawanisch-Deutschen Gesellschaft, Regionalberater des DAAD, Vorsitzender der Gesellschaft der ausländischen Freunde des Awamori, seit 2011 Honorarkonsul der Bundesrepublik Deutschland in Okinawa. 2007/08 Gastjahr an der HHU. Forschungs- und Publikationsschwerpunkte: deutsche Landeskunde und Methoden des DaF-Unterrichts; japanische Geschichte.

DIE IIK-ABENDAKADEMIE

Die IIK-Abendakademie wird als Vortrags- und Diskussionsreihe vom Institut für Internationale Kommunikation e. V. (IIK) in Düsseldorf und Berlin gemeinsam mit kooperierenden Hochschulen organisiert. Aufgegriffen werden relevante Themen, die in den Fokus der öffentlichen und politischen Diskussion gerückt sind. Ausgewiesene Expertinnen und Experten beleuchten bildungs- und migrationsspezifische sowie gesellschaftspolitische Fragestellungen.

BISHERIGE BÄNDE DER IIK-ABENDAKADEMIE

Band 1: »Migration und Bildung. Sozialwissenschaftliche und integrationspolitische Perspektiven«, hrsg. von Heiner Barz (2011)

Band 2: »Gehört der Islam zu Deutschland? Fakten und Analysen zu einem Meinungsstreit«, hrsg. von Klaus Spenlen (2013)

Band 3: »Ausländische Fachkräfte gesucht. Voreilig? Notwendig? Willkommen?«, hrsg. von Heiner Barz und Matthias Jung (2015)

Band 4: »Hochzeiten in transkultureller Perspektive. Festschrift zum 25-jährigen Bestehen des Instituts für Internationale Kommunikation e. V.«, hrsg. von Helmut Brall-Tuchel (2016)

Band 5: »Flüchtlinge willkommen – und dann? Die Flüchtlingskrise als Herausforderung für Gesellschaft und Bildung«, hrsg. von Heiner Barz (2017)

DAS INSTITUT FÜR INTERNATIONALE KOMMUNIKATION E. V.

Das gemeinnützige Institut für internationale Kommunikation e. V. in Düsseldorf und Berlin (http://www.iik-deutschland.de) ist eine Non-Profit-Organisation und verbindet unter dem Leitsatz »Die Welt verstehen« Internationalität und Weiterbildung. Als Ausgründung der Philosophischen Fakultät der Heinrich-Heine-Universität Düsseldorf 1989 entstanden, ist das IIK heute eine der deutschlandweit erfolgreichsten hochschulnahen Weiterbildungsinstitutionen an der Schnittstelle zwischen Hochschule und Wirtschaft. Mit seinen Dienstleistungen und Fördermitteln unterstützt es die Internationalisierung von Bildungs- und Karrierewegen. Das IIK bietet Fremdsprachen- und Kommunikationstrainings für Studium und Beruf, Fortbildungen für Lehrkräfte sowie maßgeschneiderte studienvorbereitende bzw. -begleitende und berufsbezogenen Programme an. Als vielfach lizensiertes Testzentrum führt es jährlich mehrere Tausend Prüfungen durch. Darüber hinaus ist das Institut regelmäßig Partner bei EU-Projekten. Weiteres zu den Aktivitäten des IIK unter www.iik-deutschland.de/infos.